河南省软科学研究计划项目（252400410337）

中国古代陶瓷捶丸

梅国建 刘艳兵 李玉磊 刘楠楠 著

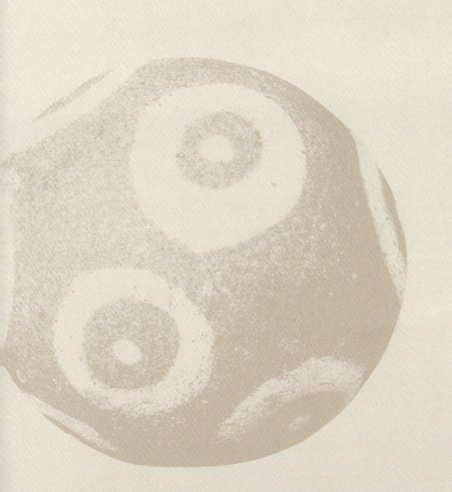

科学出版社

北 京

内 容 简 介

在传承与创新中华优秀传统文化的时代背景下，深入探讨中国古代捶丸文化的历史脉络与艺术科技价值，对于弘扬民族体育精神，共同塑造中华文明连续性、创新性、统一性、包容性与和平性等的突出特性具有重要意义。

本书以古代陶瓷捶丸为研究对象，融合历史、体育、文化与艺术等多重视角，探讨了捶丸的缘起、发展分期、促成因素、交流传播、技战术、社会价值等，揭示了捶丸在古代社会的广泛影响力与持续800余年的文化生命力。本书还从陶瓷工艺学、艺术学与材料学等视角，对陶瓷捶丸遗存的生产工艺技术和材料科学进行了综合研究，进一步证实了陶瓷捶丸的文化艺术价值及其背后的科学依据。

本书适合热爱中华优秀传统文化，特别是对陶瓷艺术有深厚兴趣的读者参阅。

图书在版编目（CIP）数据

中国古代陶瓷捶丸 / 梅国建等著. -- 北京：科学出版社，2025.5
ISBN 978-7-03-081857-7

Ⅰ. K876.34

中国国家版本馆CIP数据核字第2025TB5638号

责任编辑：付　艳 / 责任校对：刘　芳
责任印制：徐晓晨 / 封面设计：有道文化
装帧设计：北京美光设计制版有限公司

科学出版社 出版
北京东黄城根北街16号
邮政编码：100717
http://www.sciencep.com

北京中科印刷有限公司印刷
科学出版社发行　各地新华书店经销

*

2025年5月第 一 版　开本：889×1194　1/16
2025年5月第一次印刷　印张：12 3/4
字数：302 000

定价：398.00元
（如有印装质量问题，我社负责调换）

打 球[*]

（明）李开先

安基齐燕尾，如射中鸿心。

柄过窝难挂，球轻体欲沉。

得来手扑棒，妙处线穿针。

胜负俱休论，忘情岁已深。

* 李开先. 李开先全集（上）. 北京：
文化艺术出版社，2004: 159.

序

　　我的挚友梅国建先生是一位著名的艺术家，也是在希腊有很高知名度的中国艺术家之一。2014年，在希腊共和国总统的关注下，他参加了首次在希腊举办的中国当代陶瓷艺术展。我相信，这也是欧洲首次举办的响应"一带一路"倡议的艺术展。梅国建先生的艺术造诣和人文素养给中外观众留下了深刻印象。

　　作为中国陶瓷艺术的爱好者，我非常喜爱梅国建先生的《中国古代陶瓷捶丸》一书。我真诚地相信它将因对艺术史的重要补充和贡献而受到广泛关注。书中运用大量生动的彩色图片，讲述了古代捶丸的历史、游戏规则，以及捶丸的发掘和收藏的故事。翻阅这本书时，我屡屡感受到希腊文明和中国文明之间有着密切的文化亲缘关系。书中一幅古代浮雕上的中国儿童手持球杆准备击球的图片，让我想起了最近在雅典考古博物馆看到的一幅浮雕，上面刻画了两位希腊青年手持球杆争夺球权的场景。当然，那个中国孩子玩的是陶质球，这激发了我的好奇，使我渴望从书中寻找更多答案。

　　梅国建先生以生动且严谨的方式，向专业和非专业人士展示了陶瓷捶丸制作工艺的所有秘密。他通过实地考察和实验室检测，用翔实的数据向读者介绍了陶瓷捶丸在色彩、图案、设计、工艺等方面的发展变化。该书是历史悠久的中国陶瓷艺术和深邃的中国文化之美的生动见证。该书的附加价值还在于，了解陶瓷捶丸的人并不多，很多人甚至从未听说过，而该书正好填补了这一空白。通过阅读该书，我更加深入地了解了捶丸的历史和文化价值。

　　祝愿梅国建先生的艺术探索之路越走越远，并将其丰富的文化艺术造诣分享给更多艺术爱好者及广大公众。

卡尔佩里斯　博士

希腊驻华大使

2023年8月23日

PREFACE

I am sincerely honored to present some thoughts on the new book of Mr. Mei Guo Jian, a great artist whom I also consider a dear friend. Mr. Mei Guo Jian is a very well-known artist in Greece. In 2014, he participated under the auspices of the President of the Greek Republic in the first ever exhibition of modern Chinese ceramic art masters in Greece. It was the first Chinese art exhibition organized in Greece and I believe also in Europe, which was dedicated to the Belt and Road Initiative. The artistic mastery and his human quality have left a lasting impression on many people.

I sincerely believe that Mr. Mei Guo Jian's book *Ancient Chinese Ceramic Chuiwan*, which I truly enjoyed as a Chinese ceramic art lover, will be received as an important contribution to the History of Art bibliography. The book, full of colored pictures, narrates the story of the ancient Chui Wan as well as of the people who played the game and collected the spheres. Going through the pages of the book, the feeling I have very often experienced of a close cultural affinity between the Greek and Chinese civilization was present. The picture of an ancient relief depicting a Chinese child holding a club ready to hit the ball reminded me of another relief I saw recently at the Archaeological Museum of Athens of two Greek youths holding clubs trying to claim the ball for themselves. Of course, the Chinese child was playing with a ceramic sphere, which I find amazing.

Mr. Mei Guo Jian in an utterly vivid and scientific way presents to the expert and non-expert alike all the secrets of the Chui Wan making process, as well as introduces the reader to the richness of colors, patterns and designs used to decorate the spheres over centuries. The book is a live testament to the time-honored Chinese ceramic art and to the enticing beauty of Chinese culture. The added value of the book lies equally in the fact that not so many people know or even have seen before a Chui Wan. The book comes to fill the gap. Through the pages of this book, I learnt to appreciate even more their interesting history and the cultural value that make them stand out.

I wish Mr. Mei Guo Jian to keep walking the difficult road of art exploration and keep sharing with art lovers and the wider public his knowledge and experiences.

Dr. Evgenios Kalpyris
Ambassador of Greece to the P.R. of China
August 23, 2023

前言

捶丸是我国古代一种击球入窝的文体活动，源自唐代击鞠（马球）和步打球，流行于宋元明时期。捶丸蕴含着以和为贵、和而不同、明礼谦敬、依矩守信等中华优秀传统文化元素，是中国传统民族体育项目的代表之一。

文化关乎国本、国运。党的十八大以来，党和国家把文化建设摆在全局工作的重要位置，明确提出新时代新的文化使命。2023年6月2日，习近平总书记在文化传承发展座谈会上强调，要深刻把握中华文明的突出特性，深刻理解"两个结合"的重大意义，更好担负起新的文化使命。[①]因此，当前开展捶丸文化传承与创新研究，弘扬中华优秀传统文化，助力中国特色社会主义文化建设，意义重大。

地处中原的平顶山是唐鲁山花瓷和宋汝瓷的发源地，当地古窑址林立，国家级古窑址就有4处。2018年4月，河南鲁山段店窑遗址东侧煤厂开挖施工时，一次性出土了1600余件古代陶瓷球，在其窑址方圆60公里内随后也陆续发现了大量大小各异、装饰多样的古代陶瓷球。从各地古窑址和建筑工地收集到的大量古代陶瓷球和陶瓷捶丸标本来看，捶丸活动当时在全国各地得到了广泛开展，并且这种全民文体活动在我国持续了800余年。因此，在新时代挖掘、利用、弘扬捶丸这项中华优秀传统文化，初撰陶瓷捶丸文化、艺术与科技叙事文本，成为我们写作本书的初衷与不竭动力。

尽管我们竭尽所能编撰本书，但是由于时间的限制和学识的浅薄，书中难免留有遗憾与不足，敬请专家、同行和广大读者提出批评与建议，我们将感激不尽。

[①] 习近平：在文化传承发展座谈会上的讲话. https://www.gov.cn/yaowen/liebiao/202308/content_6901250.htm. 2023-08-31.

编写说明

一、编写宗旨

编写本书的目的是让读者从历史、体育、文化、工艺、科学与艺术视角对捶丸有更为系统和全面的了解，为挖掘、利用与弘扬捶丸文化提供一定的文本支持。

二、标本时间

书中所收录的陶瓷捶丸标本时间跨度由唐代至 20 世纪初期，由考古专家和古陶瓷热释光（TL）检测技术进行断代。部分标本断代不精确，采用"唐宋""宋元""明清"等形式标注。

三、标本出土地

书中所收录的陶瓷捶丸标本出土地信息主要由本书研究团队、考古专家、施工工地及古陶瓷捶丸收藏者提供。

四、数据采集

陶瓷捶丸的直径以厘米（cm）为单位，采用四舍五入精确至小数点后两位；陶瓷捶丸的重量以克（g）为单位，采用四舍五入精确至小数点后一位；陶瓷捶丸的烧成温度以摄氏度（℃）表示；陶瓷捶丸显微结构的尺寸以微米（μm）为单位；陶瓷捶丸吸水率结果和化学成分结果以百分比（%）表示。

五、标本命名与名词解释

陶瓷捶丸的命名采用陶瓷考古与史学领域约定俗成的特征命名方式。文中术语"陶瓷球"泛指陶、炻和瓷质球，而"陶瓷捶丸"则专指捶丸活动所用陶、炻和瓷质球，后者为本书的主要研究对象。

六、图片采集

书中收录的陶瓷捶丸（非博物馆藏品）均为实物原照，照片属首次出现在正式出版物中。书中出现的所有博物馆藏品图均已获得使用授权。

目录

捶
丸

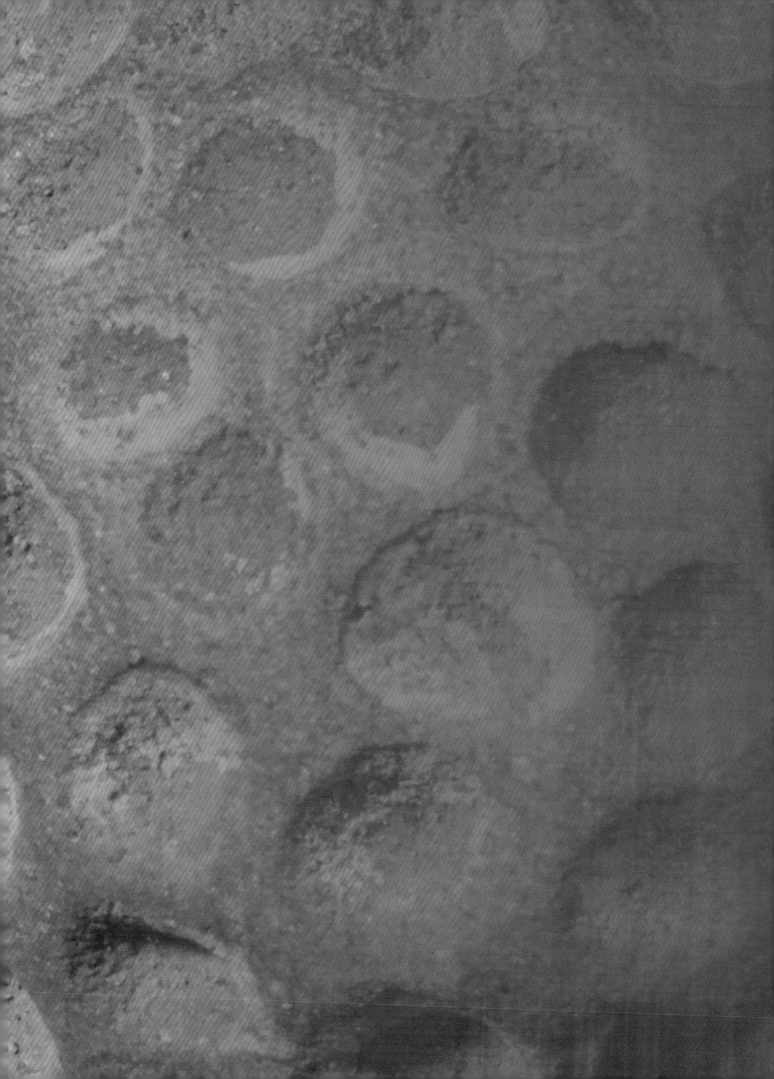

第一章

捶丸的起源

在球类运动谱系中，东西方呈现出惊人的历史异步性和特征相似性。以 15 世纪诞生的高尔夫运动为参照，在其之前近 500 年的华夏大地上，一种以杖击球入穴的运动已然流行，世人称之为"捶丸"。两者均将"以杖击球入穴（洞）"作为自身的标识，并且在场地、器材、规则等方面呈现出高度相似性。如今，高尔夫球运动作为"上流社会"附庸风雅和标榜身份的重要象征而被人熟知，但历史尘埃的沉积，使我们对捶丸这一运动产生了陌生感，简单拂去尘迹，却未必能够窥其历史全貌和精义。

作为东方球类运动的典范，捶丸的发展轨迹折射出中华文明"技术伦理化"的特殊路径。探寻捶丸的起源，其价值不在于与高尔夫球运动争夺"首创权"，而在于为理解古代体育的多元演化提供至关重要的"东方样本"，这正是建构人类文明史的必要维度。因此，我们需要将视野拓展至运动范畴之外，将"球"视为基本要素，探析这一要素如何逐步融入人类物质与情感世界，探查其于生产劳动中分离并演进为文体乐事的全过程，以及其在漫长的文化整合与分化中对人类行为的影响。通过将捶丸的精义与其外在表象相结合，我们可以描绘出一幅捶丸历史文化的全景图。因此，探讨捶丸的起源，必须从人与球的原始关系讲起。

圆球状形态之所以能激发和表现人的情感，其本质或源于心物之间的对应关系。受特定物理规律影响，不少自然界的物体趋向球形，从水滴到果实，从微观原子到浩瀚星球，无不呈现这一奇特而普遍的现象。作为自然界的一部分，人类潜意识里深植有对球形物体的偏好。完形心理学有一个重要概念是异质同构论，其主张人们经验到的空间秩序与大脑分布的机能秩序在结构上同一，即人的心理过程与外在世界的物理过程虽性质不同，但存在结构形式上的对应关系。例如，各种形式的球形都具有圆球的完形特征。[①]中国古代哲学中的混沌初开、太极生两仪而分出天地阴阳的学说，源于人们对自然宇宙的长期观察，形成了"天圆地方"的原始宇宙观，"圆"和"球"成为人们认识世界的基本感知觉符号。由此，圆或球形事物影响了人类的生产和生活行为，进而对哲学、美学思想产生了深远影响。

陶瓷，是人类文明发展的重要见证之一。陶瓷生产集科技与艺术于一体，持续服务于各历史时期人们的物质与精神需求。大量陶瓷器物遗存（其中不乏各类陶瓷球），彰显了其对人类生活的突出价值。考古资料显示，陶瓷球广泛应用于我国古代诸如跳丸、击鞠、步打球和捶丸等球类活动中。随着大量捶丸用陶瓷球的出土，以及与捶丸相关的古代壁画、绢纸绘画、画像砖石、金工制品和文学作品之间的相互印证，捶丸在我国悠久的历史和广泛的空间分布得以确认。20 世纪下半叶以来，捶丸相关研究成果陆续公布，其中，捶丸的起源问题成为学界争论的焦点之一。探寻捶丸之源的首要任务在于明确其起源背景、时间和诱因。对捶丸起源问题的研究，关乎其历史文脉、文体影响、艺术成就、科学技术等多个研究领域的体系化，是捶丸传统文化的保护传承和当代价值的挖掘利用的基石。

---

① 徐恒醇. 设计美学. 北京：清华大学出版社，2006: 26.

溯源

体育存在明显的谱系化特征，这种谱系化呈现出一种非线性且有迹可循的演进过程，从娱神到娱人，其从诞生之初便与游戏和娱乐保持密切关联。① 依据体育发展谱系理论，捶丸与跳丸、筑球、蹴鞠、击鞠（马球）、手鞠和步打球等同属于中国传统球类体育运动，它们之间既有相似之处，也存在诸多差异。就球而言，这些运动所用球一般要求圆滑，且具备良好的运动操控性能。触球方式则因运动类型而异，可大致分为三种：手触球（如跳丸、手鞠等）、足触球（如蹴鞠、筑球等）、挥杖击球（如击鞠、捶丸等）。从起源时间来看，捶丸是中国古代球类运动中较晚出现的一项，是中国古代球类运动演变的必然结果。② 总之，梳理捶丸所属球类运动的全谱系，有助于更清晰地认识捶丸的发展历程。

一、石球——荒蛮初开

中国球类运动源远流长，其萌芽在古老久远的荒蛮时代就已出现。③ 球类萌芽可追溯至旧石器时代石球的应用。陕西南郑县（今汉中市南郑区）梁山出土的青灰色石球是我国迄今发现最早的石球，距今约 100 万年。④ 目前，中国有 80 余处遗址发现石球遗存，其中石球数量较多的有山西与河北交界的许家窑遗址、山西襄汾丁村遗址、内蒙古金斯太遗址等。这些旧石器时代的石球原料构成存在较大的差异，主要原料由砂岩、石英、石英岩、石灰岩、

硅质岩等构成。⑤ 石球的制作，通常选取砾石、石块及石核等，经打制和磨制去除棱角，修整成通体滚圆的形态。在制作方法上，旧石器时代以打制为主，新石器时代则以磨制为主，因而石球形态更加规整精致。

一种观点认为，在石器时代，石球是人们重要的狩猎器具或武器"礌"，即用绳索将石球挥掷出去，以打击远处目标的工具。《说文解字·石部》载："礌，以石箸隿缴也。"⑥《说文解字注》载："隿者，缴射飞鸟也；缴者，生丝缕系矰矢而以隿射也。以石箸于缴，谓之礌战。"⑦ 16 世纪初米开朗琪罗的著名作品《大卫》雕像肩上搭放的武器投石索，与古代的"礌"功能相似，同属于攻击性器具。远古时期的人们在长期狩猎中发现，投掷圆滚的石球比不规则的石块更易控制，击中猎物的精准度更高，

① 李金梅，路志峻. 中国体育史学术新探. 体育文化导刊，2004(11): 35-37.
② 刘秉果，张生平. 捶丸：中国古代的高尔夫球. 上海：上海古籍出版社，2005: 2.
③ 崔乐泉. 从考古发现谈中国古代的体育运动. 文史知识，1993(8): 40-45.
④ 陈汉有，杨作龙. 黄河流域古代石球研究. 洛阳师专学报，1999(4): 91-93, 96.
⑤ 卢立群，董兵，陈胜前. 中国旧石器时代石球的实验研究. 人类学学报，2021(4): 587-599.
⑥ 汤可敬译注. 说文解字（第三册）. 北京：中华书局，2018: 1926.
⑦ 许慎撰. 说文解字注（影印本）. 段玉裁注. 上海：上海书店出版社，1992: 452.

并能在瞬间产生强大破坏力，致猎物死亡或伤残。这类狩猎工具效率的显著提高，主要归因于石球形态的变化。由此可见，石球的应用早于旧石器晚期的石镞，是当时狩猎工具与技术的主要代表，对当时生产活动产生了重要且长远的影响。目前，我国一些游牧民族（如藏族、蒙古族）仍使用投石索，藏语称其为"吾儿多"，牧民用其驱赶牛羊牲畜。在畜牧生活中，原始社会狩猎时用于击杀的石球已变为牧民的"牧鞭"，打磨规则的石球被就地选取的石块替代。

另一种观点认为，石球是史前人类用来敲断动物骨头以提取骨髓的工具。依据是，学者们发现了石球上的磨损痕迹和有机残留物，认为这些拳头大小的石球符合人体工程学，不仅易于抓握，不容易折断，而且还可以通过旋转重复使用，球体表面凸起的高脊有助于干净利落地敲断骨头。

还有学者认为，石球是制作石片切割器的产物，有人对此进行了反驳。"虽然从石头上取得锋利薄片的过程中可能产生球体和多面体，但从任何意义上说，这些石球体都不是制作初级薄片的自然或'最少代价'的副产品。在石球制造的后期阶段，薄片的取得量太小，无法产出任何有用的薄片。"①当然，仅将石球的精细程度作为区分狩猎或敲骨取髓工具的标准，未免过于武断。后世石球功能的多样性，还有他例。19世纪，在苏格兰、爱尔兰、英格兰等地发现了大量表面刻有精美图案的石球，这些石球的体积与今天的网球大致相当，雕刻图案以几何图形和旋涡纹为主。其中，阿伯丁郡著名的"汤伊球"（Towie ball）（图1-1）距今已有5000多年的历史，通体呈黑色，表面有四个盘状凸起，其中三个表面装饰有旋涡纹，与我国宋元时期陶瓷捶丸上的彩绘旋涡纹装饰相似，另一个表面无装饰，经磨光处理，制作十分精巧。那么，这种石球作何用途？苏格兰国家博物馆认为，该球原本可能是

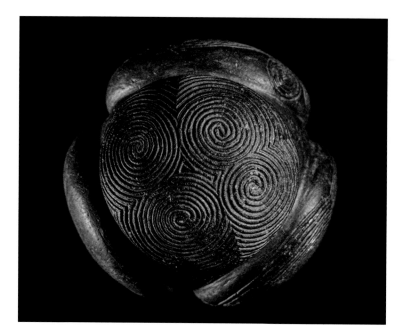

图1-1　新石器时代 汤伊球
（直径7.30cm，重量531.0g）
苏格兰国家博物馆藏

新石器时代一个富裕农民的财物，它很可能是一种奇特的武器，如果从吊索上投下，能对头部造成致命打击。但它首先是一种威慑，是一种令人畏惧的精良武器，因为石球上刻着神圣的符号，这些符号与爱尔兰东部博伊恩山谷纽格兰奇墓道中石头上的雕刻符号很相似。②这种工艺精美的石球显然已摆脱了原始狩猎的实用功能，而向着某种认知和审美方面的精神功能转化拓展。

发现于云南省沧源县的新石器晚期岩画"球戏图"，生动地展现了人们对球认知和审美的创造力。画面中，一人抛球，另一人双臂举起接球，这表明球的功能已超越了一般生产

① Hayden B. What were they doing in the Oldowan? An ethnoarchaeological perspective on the origins of human behavior. Lithic Technology, 2008 (2): 105-139.
② National Museum of Scotland. Towie ball: A Neolithic status symbol. https://www.nms.ac.uk/discover-catalogue/towie-ball-a-neolithic-status-symbol.

工具，转向游戏文体活动。这幅岩画为我们探究球类活动从实用到审美、从物质到精神的演变过程提供了宝贵的图像资料。

后世许多球类运动项目仍采用石球作为主要活动器具。四川出土的宋代捶丸用球就有金刚石、墨玉和玛瑙等多种石质材料①。明清至民国时期，北方地区流行的踢石球运动也同样偏好使用石质材料。《北京民间风俗百图》收录了一幅描绘当时北京地区踢石球活动的图画，并题跋："此中国踢球之图也。二人以石球两个为赌，用些碎砖瓦块铺地，用一球先摆一处，二球离七、八尺远，每人踢两次，踢中为赢，不中便输。"②图文内容间接反映了石球在球类运动中的历史地位。

综上可见，球类运动项目萌芽于旧石器时代的石球活动。在漫长的历史演进中，石球逐渐从生产工具转变为球类文体活动的重要器具，为古代球类运动的多样化演进与传承揭开了序幕。

二、跳丸——得心应手

《南华真经循本》记载："市南宜僚善弄丸铃，常八个在空中，一个在手。"③其中所谓的丸铃，似乎与新石器时代出现的陶响球存在关联。陶响球也被称为摇响器，摇响器在我国黄河流域和长流流域都有一定数量的发现，其中以长江流域的大溪文化、屈家岭文化及薛家岗三期文化出土数量较多。纹饰方面，大溪文化的摇响器以米字纹最为常见，要素主要是篦点纹，其次是锥刺纹、划纹、凹槽纹和凹点纹；屈家岭文化摇响器的特点是各种彩绘和刻划方格等纹饰，以篦点米字、压划十字、三角等纹及凹点、镂孔的配置为主；薛家岗三期文化摇响器纹饰大致分为两种，一种是以三个大圆等分球面所构成的连续等边三角纹为主的几何纹，一种是混合配置的镂孔和凹点纹。④新

石器时代诸如乐器、陶响球或玩具类陶球呈现种类多样化、文艺化的发展趋势。显然，这些大小不一、装饰手法多样的陶球，侧重于原始信仰、审美和娱乐方面的精神功能。

跳丸，又称"飞丸"或"弄丸"，是中国传统百戏之一，是杂技艺人用手熟练而巧妙地抛接球丸的一种表演。表演者用两手连续抛接若干个球丸，形成圆形运动轨迹，令人目不暇接。据史料记载，跳丸在春秋战国时期就已流行，《庄子》"宜僚弄丸"的故事，讲述了楚国宜僚在两军对垒时，以精湛的弄丸技艺使两军将士看得眼花缭乱，最终促成和解的传奇。这一段故事还被引入《丸经》，《丸经》作者认为跳丸是捶丸的源起。跳丸和捶丸虽然没有直接的衍生关系，但跳丸的出现说明了我国古代先人对球类活动的喜爱及创造性开发。

秦汉时期，跳丸活动愈加盛行，且技巧性和观赏性不断提升。考古资料显示，汉代跳丸分为单手和双手抛接两种，抛掷方式有横抛、直抛之别。单手抛接最多可达六丸，双手抛接一般为三至七丸，最多可达九丸。球数越多，难度越大。据说到五丸之数时，要想增加一丸，非有两三年工夫不可。随着跳丸的普及，其难度不断增加，后来发展到使用大小轻重不同的球丸，且抛接不仅用手，还兼用臂、肘，甚至与利剑一同抛耍。这些跳丸杂技表演场景被记录在了汉画像之中。

两汉时期盛行"事死如事生，事亡如事存"的厚葬之风和举孝观念，汉人相信死后灵魂不

① 张天琚，桂焱，韩烈保．关于捶丸与高尔夫球的比较研究．文物鉴定与鉴赏，2014(11): 78-84.
② 书目文献出版社编辑部．北京民间风俗百图．北京：书目文献出版社，1983: 64.
③ 罗勉道撰．南华真经循本．李波点校．北京：中华书局，2016: 276.
④ 张娟．先秦时期的音乐与数学．科技资讯，2011(36): 146-147.

灭，遂将世间物品带入坟墓，以求死后继续享用人间荣华。贵族不惜重金营造和装扮墓室，墓主人生前享用的金银珠宝、生活用器悉数陪葬。这种厚葬观念使得墓室壁画、砖刻与石刻艺术得以繁荣发展，成为记录当时社会生活的重要载体。河南新密打虎亭汉墓壁画《宴饮百戏图》，就有关于跳丸表演的描绘：跳丸者手抛数枚球丸，球丸上下翻飞，贵族分坐两侧，兴致勃勃地观赏。该壁画中的跳丸用球可能为陶质。这一推断基于壁画细节、陶响球遗存及文献记载。壁画所绘跳丸表演中，球丸中间开有孔洞，显然非装饰之用。快速抛向空中的球丸，可能利用空气压强变化吹响小孔或通过内核撞击球丸内壁发声，使表演更富视听效果。陶质球既能制成空心或钻孔，又能实现工艺的经济性，是当时材料和工艺条件的最佳选择。

秦汉以降，有关于跳丸的记载颇多。诸如《三国志·魏志·王粲传》《新唐书·宦者传下·李辅国》《东坡全集·紫宸殿正旦教坊词》都提到了作为百戏（杂技）之一的跳丸。唐韩愈《秋怀诗》、明戏曲作品《玉玦记》和清张昭汉《甲寅春西湖小麦岭》等作品甚至以跳丸形容时间过得极快。跳丸的出现是我国古人在文体活动方面的重要创造。同时，长期延续并不断精进的跳丸制作与表演活动，为后世陶瓷捶丸的大小和材质选择积淀了丰富的经验。

陶球用途十分广泛，除用于跳丸活动以外，还曾被用于墓葬"口含球"、渔猎网坠、珠算算子、弹丸等。[1][2][3]徐州寒山疗养院曾出土一枚直径2.50cm的东汉陶球，胎质细腻坚硬，球体圆整光滑，球体钻有圆形孔洞（图1-2）。重庆中国三峡博物馆收藏有汉代灰陶球一枚，球体直径3.00cm，陶球浑圆，表面均匀打有圆孔；另藏西汉时期黄褐胎陶球一枚，直径亦为3.00cm，两侧打孔贯通。这些陶球显示了多样的功用。对于体积较小的球丸用途，《潜

图1-2 东汉 陶球
（直径2.50cm）
徐州博物馆藏

夫论·浮侈篇》提供了一种答案，篇中记载："今民奢衣服，侈饮食，事口舌，而习调欺，以相诈绐，比肩是也。或以谋奸合任为业，或以游敖博弈为事，丁夫世不传犁锄，怀丸挟弹，携手遨游。或取好土作丸卖之，其弹外不可以御寇，内不足以禁鼠，晋灵好之以增其恶，未尝闻志义之士喜操以游者也……或作泥车、瓦狗、马骑、倡排，诸戏弄小儿之具以巧诈。"[4]篇中言辞虽强烈谴责了当时的不良世风，但同时透露了两点信息：一是小体积陶丸可用作弹丸，但杀伤力不大；二是汉代陶球已具有商品性质，可自由买卖，这对陶球文体活动的发展起到了极大的促进作用。

① 原海兵. 大汶口文化人群口颊含球行为研究. 考古学报, 2020 (1): 43-66.
② 汪启航. 先秦时期皖江流域渔猎经济的考古学观察. 黄河·黄土·黄种人, 2020 (18): 19-25.
③ 张福汉, 肖宗史. 岐山"西周陶丸"再考. 陕西经贸学院学报, 1997 (3): 74-77.
④ 王符撰著. 王符《潜夫论》释读. 高新民, 王伟翔释注. 银川：宁夏人民出版社, 2009: 77.

三、蹴鞠——世俗之乐

当手抛球的杂耍活动逐渐转变为以脚踢球，为蹴鞠的诞生创造了条件。在体育史学家和非遗传承人的共同努力下，国际足联于2004年2月4日宣布，中国古代的蹴鞠就是足球的起源。蹴鞠具体始于何时已难以考证，但3000多年前的殷代甲骨文中有蹴鞠舞的记录。至春秋战国时期，蹴鞠已在民间盛行[①]。这些都说明，中国是世界"足球文明"的发源地之一。《史记》记载，苏秦向魏王介绍齐国首都临淄的繁荣景象时，提及临淄"甚富而实，其民无不吹竽鼓瑟，弹琴击筑，斗鸡走狗，六博蹋鞠"[②]。这里的蹋鞠即是蹴鞠，当时蹴鞠在临淄民间已普及。汉代李尤所作短文《鞠城铭》记述了蹴鞠的规则、裁判制度及道德规范等。蹴鞠不仅在民间盛行，还被军队引入以操练士兵体能。据传，霍去病在塞外征战之余，以蹴鞠来训练士兵，以保持士兵的斗志。[③]唐韦应物《寒食后北楼作》中"遥闻击鼓声，蹴鞠军中乐"便是蹴鞠军事训练功能的重要佐证。大量汉代画像石、铜镜、肖形印及瓦当等物品上描绘有蹴鞠情形，同样反映出蹴鞠活动自汉代开始进入兴盛期。

汉代之后，蹴鞠的强对抗性和竞技性转移至击鞠，此运动在唐代盛行，其锻炼与实战功能得到极大发挥。

四、击鞠——秣马厉兵

击鞠是现代马球运动的源起，是球类运动与马术创新结合的产物。击鞠活动出现于汉代，与当时极为盛行的马术与广为流行的蹴鞠活动有一定关系。[④]曹植的《名都篇》中提到"连翩击鞠壤，巧捷惟万端"，赞扬了击鞠者高超的技艺，显示出三国时期击鞠活动已经相当成

熟。击鞠从汉代到隋唐不断发展，至唐代达到了高峰。

唐朝早期，唐太宗李世民吸取隋朝灭亡的教训，尤重骑兵发展。训练骑兵的重点是提升士兵在马上的作战综合素养，尤其是快速机动反应的能力。击鞠恰好满足骑兵这一训练要求，因此被加以应用，并在唐朝军队中快速推广。此外，民间击鞠活动也十分盛行，每年全国各地会举行大型击鞠比赛。陕西乾县唐章怀太子李贤墓中的壁画《打马球图》就完整地展现了唐代的击鞠活动。图中绘有骏马20余匹，骑马的人着各色窄袖袍、穿黑靴、戴幞头。击鞠者右手执偃月形鞠杖，左手挽缰驱马，纷作击球竞技动态，画面动感极强，将击鞠的激烈情形展现得淋漓尽致。此外，故宫博物院收藏的唐代妇女打球图铜镜、新疆吐鲁番出土的唐代彩绘打马球等，都是当时击鞠开展盛况的反映。

《封氏闻见记·打球》记载："太宗常御安福门，谓侍臣曰：闻西蕃人好为打球，比亦令习，曾一度观之。昨升仙楼有群胡街里打球，欲令朕见，此胡疑朕爱此，骋为之……景云中，吐蕃遣使迎金城公主，中宗于梨园亭子赐观打球。吐蕃赞咄奏言：'臣部曲有善球者，请与汉敌。'上令仗内试之。决数都，吐蕃皆胜。"[⑤]从文中可知，太宗至中宗时期，西蕃人的马球技艺似乎高于唐人，击鞠成为中外交往活动中一项重要内容。唐宣宗李忱同样酷爱击鞠，且马上技能颇高。唐朝统治者对击鞠的追捧和提

① 陈惠花. 球类运动在我国古代的发展. 芒种, 2012 (21): 211-212.
② 司马迁. 史记 (第七册). 北京：中华书局, 1959: 2257.
③ 王磊. 浅谈中国古代的球类运动. 延安职业技术学院学报, 2010, 24 (1): 106-107.
④ 崔乐泉. 中国古代球类活动演进与捶丸起源研究：兼具考古学资料分析. 体育科学, 2016 (7): 89-97.
⑤ 封演撰. 封氏闻见记校注. 赵贞信校注. 北京：中华书局, 2005: 53.

倡极大地推动了击鞠的发展，使其甚至一度成为"唐代第一运动"。大量文献记载、俑塑作品和绘画作品表明，当时无论男女老少，从宫廷到市井，从文人到将士以及胡人，击鞠都拥有广泛的爱好者与参与者。

然而，击鞠竞赛过于激烈，"马或奔逸，时致伤毙"。《封氏闻见记·打球》记载："永泰中，苏门山人刘钢于邺下上书于刑部尚书薛公云：打球一则损人，二则损马，为乐之方甚众，何必乘兹至危，以邀晷刻之欢邪？"[1] 刘钢的观点代表了一部分唐人对当时击鞠危险性的批评。唐穆宗李恒也是击鞠的爱好者，但后来却因击鞠受伤而去世。甚至相传，唐末代皇帝因与朱温的侄子朱友伦进行击鞠比赛，朱友伦不慎坠马身亡，朱温以此为借口攻打唐朝，最终导致了唐朝的灭亡。此外，将士们在击鞠比赛中受重伤或丧命的情况也时有发生。由此可见，击鞠的危险性成为其普及过程中难以克服的障碍之一。

至宋辽时期，随着安全健康成为体育娱乐的主流观念，人们对马上击鞠的热情逐渐减退，不再像唐朝那样狂热。其原因除了击鞠运动过分剧烈、易伤身体外，"上下分朋，君臣争胜"的做法也备受批评。君臣同场竞技，争夺球权，被认为有损皇权威严，尤其不符合宋代的礼制和朝纲。社会态度的变化直接影响了击鞠竞技方式，规则和打法也随之进行了调整，从而大幅降低了击鞠的危险性。其中，骑驴击鞠作为一种降低击鞠比赛激烈程度和危险性的折中方法，吸引了更多老弱妇孺参与，因此一时之间得到了推广。

五、驴鞠——两朋游戏

唐敬宗和唐僖宗十分推崇驴鞠。尤其是唐僖宗，不仅喜欢观看比赛，自己也是驴鞠高手，经常在皇宫中纵驴打球。《资治通鉴·唐纪》记载，乾符二年（875年）九月，年方十四的唐僖宗亲自"乘驴击球"[2]。唐敬宗对马球嗜好成癖，并十分爱看驴鞠，《旧唐书·敬宗本纪》载，敬宗"御三殿，观两军、教坊、内园分朋驴鞠、角抵……至一更二更方罢"[3]。敦煌文献《〈祭驴文〉一首》中提及"莫生军将家，打球力虽摊"[4]，作者感叹驴若生在军将之家，便难逃被驱驰在球场上耗尽精力的命运，这足以说明骑驴击鞠在当时军将之家中的盛行。《酉阳杂俎·黥》也有对崔承宠年少善驴鞠、技艺精湛的记述，足见当时驴鞠的受欢迎程度丝毫不输于骑马击鞠。

2012年5月，西安文物保护考古研究院对晚唐博陵郡夫人崔氏的墓葬进行了发掘。有专家经过深入研究提出，墓中陪葬的驴骨很可能并非普通的役用驴，而是作为驴鞠的专用驴陪葬。通过对驴肱骨形态的分析，专家们发现其既不同于非洲野驴，也不具备长期负重家驴的特征，反而更接近于驴鞠运动中因频繁辗转腾挪而形成的骨骼形态。此外，墓中出土的铅马镫等骑乘装备，进一步佐证了陪葬之驴的特殊用途，即作为驴鞠运动的伴侣随主人长眠地下。[5]

《东京梦华录·驾登宝津楼诸军呈百戏》中回忆了宋代骑驴打球的情形，"先设彩结小球门于殿前。有花装男子百余人，皆裹角子向

① 封演撰.封氏闻见记校注.赵贞信校注.北京：中华书局，2005：53.
② 转引自崔乐泉.中国古代球类活动演进与捶丸起源研究：兼具考古学资料分析.体育科学，2016（7）：89-97.
③ 转引自李金梅.中国古代女子马球小考.成都体育学院学报，2009（8）：29-31，35.
④ 于淑健.《〈祭驴文〉一首》考辨与校理.石河子大学学报（哲学社会科学版），2025（4）：60-62.
⑤ Hu SM, Hu YW, Yang JK, et al. From pack animals to polo: Donkeys from the ninth-century Tang tomb of an elite lady in Xi'an, China. Antiquity, 2020, 94 (374): 455-472.

后拳曲花幞头，半着红半着青锦袄子、义襕、束带、丝鞋，各跨雕鞍花鞴驴子，分为两队，各有朋头一名，各执彩画球杖，谓之'小打'。一朋头朋杖击弄球子如缀，球子方坠地，两朋争占，供与朋头，左朋击球子过门入孟为胜，右朋向前争占，不令入孟。互相追逐，得筹谢恩而退"[1]。宋代驴鞠上场男子竟有百余人，虽是分为两队，但只有一个"彩结小球门"，争抢到的球都要"供与朋头"打门，这与唐代击鞠双球门赛制已然不同，更类似单球门竞赛的蹴鞠赛法，说明宋代驴鞠已娱乐表演化。

驴鞠在某种程度上降低了骑乘类杖击球运动的危险程度，但无论是骑马还是骑驴击鞠，都需要大量驴或马用于比赛或替补，并且击鞠场地建设也有一定经济门槛，但广大民众却又十分热衷于这类杖击球运动。鉴于此，一种更加安全的杖击球类运动项目——步打球，便应时而生。

六、步打球——力拔头筹

步打球跟曲棍球运动极为相似，是一种徒步持杖争抢打球入门的运动，是击鞠的另一种衍生形态，也可以说是简化后的击鞠。除了没有坐骑、比赛场地更为灵活外，步打球在规则、球杖的使用等方面与击鞠也十分相似。[2] 与击鞠、驴鞠相比，步打球不仅能活动上半身，而且还能活动下肢，对人体的锻炼更加全面，且不再需要御骑技术，老弱妇孺均可参与。因此，步打球得到了广泛的流传和发展，成为当时各阶层所熟知、喜爱的一项体育活动。[3]

古典文献中有大量关于步打球的记载。唐大历年间（766—779年），诗人王建在《宫词》中写道："殿前铺设两边楼，寒食宫人步打球。一半走来争跪拜，上棚先谢得头筹。"[4] 诗句描绘了唐代宫女在殿前步打球的情景，运动场上宫女们分不同的队进行相互对抗，胜出的一

队会得到皇帝的奖励。由此可见，步打球颇受女性的欢迎。唐代女诗人鱼玄机也写了一首与步打球运动相关的诗，名为《咏球作》："坚圆净滑一星流，月杖争敲未拟休。无滞碍时从拨弄，有遮栏处任钩留。不辞宛转长随手，却恐相将不到头。毕竟入门应始了，愿君争取最前筹。"[5] 诗句不仅介绍了步打球的球、球杖、打法和规则等，还把打球时的紧张感描述得栩栩如生。《宋史·礼志》中"步击者，乘驴骡击者，时令供奉者朋戏以为乐"的记载，说明步打球与驴鞠是当时传统佳节重要的娱乐助兴活动[6]。

唐末至五代，步打球在比赛规则和球场形制上进行了部分革新，创造出一种新的运动形式。这种新的运动形式改变了步打球击球入门的比赛规则，吸收了蹴鞠活动曾使用过的球穴。由此，一种以击球入窝决胜且无直接身体对抗的运动——捶丸，应运而生。

随着球类运动种类的日益丰富，球的材质也变得多样，包括石、玛瑙、陶瓷、木、革羽等。由击鞠演变而来的驴鞠和步打球等运动，在用球材质上有了更多选择。尤其是步打球，它不像击鞠那样对强对抗、高速度、爆发力与平衡力掌控等方面有苛刻要求，因此球可以采用木、玉石、革羽、陶瓷等多种材质。

① 孟元老撰.东京梦华录.王永宽注译.郑州：中州古籍出版社，2010：135.
② 谢智学，耿彬.敦煌壁画步打球考察.体育文化导刊，2014(5)：169-172.
③ 李谕藩.发生学视角下高尔夫运动的起源及其特点.当代体育科技，2017，7(29)：207-209，212.
④ 彭定求等校点.全唐诗：九○○卷.北京：中华书局，1960：3439.
⑤ 彭定求等校点.全唐诗：九○○卷.北京：中华书局，1960：9049.
⑥ 转引自李谕藩.发生学视角下高尔夫运动的起源及其特点.当代体育科技，2017，7(29)：207-209，212.

相比其他材质，陶瓷球具有显著的技术与经济优势。首先，唐、五代时期制瓷技术已达到新高度，全国各地窑口众多，成熟的工艺技术足以保障球的品质。其次，陶瓷球产量大、成本低、生产周期短，可通过装入无釉的缸、罐、盆中实现批量烧制（套烧法）（图1-3），作为商品，其性价比优势得到充分发挥。不过，由于制成泥料的不同，陶瓷球的重量会有较大差异，甚至出现体积大的陶球比体积小的更轻的情况。例如，河南鲁山段店窑遗址出土的一件陶球（图1-4）与汝州出土的一件陶球（图1-5）相比，前者体量明显大于后者，然而质量却较后者轻了5.5g。原因是其制成泥料中含有较多有机物杂质，烧制过程中杂质燃烧殆尽，留下许多类蜂窝状孔洞，导致整体重量减轻。这种现象多见于宋代以前，宋代以后，制瓷业由于对泥料的选

图1-3 唐 陶质球
（总重量5000.0g）
河南鲁山段店窑遗址出土

择更加成熟和科学，此类现象较少出现。

总之，陶质球丸的制作历史可追溯至史前时代。随着时代的进步、生产力的解放和技术

图1-4 唐 陶质球丸（残件）
（直径6.11cm，重量183.5g）
河南鲁山段店窑遗址出土

图 1-5　唐 陶质球丸（残件）
（直径 5.31cm，重量 199.0g）
河南汝州出土

的不断发展，陶球逐渐演变为炻质和瓷质球，其功用和形式也随之变得多样化，装饰形式日益丰富，精神功能逐渐凸显。在民众的娱乐活动中，陶瓷球得到了广泛而大量的应用。球类运动的分化与细化，步打球、捶丸、杂技表演、童子戏球等活动日渐兴盛，为陶瓷球的演进提供了更为广阔的空间。在这一过程中，陶瓷球的商品性和艺术性不断得到提升，尤其是捶丸的快速发展，更是将陶瓷球的技术与艺术水平推向了新的高度。

七、捶丸——体艺大成

随着步打球运动的发展，其规则逐渐发生了变化。原本设置于地上的球门被改为挖地为穴的球窝，比赛场地中设有数个这样的球窝，以先将球打进球窝者为胜。这一规则与后来西方出现的高尔夫球有着诸多相似之处。后世将这一创新项目称作"捶丸"，并为此专门撰写

了一本名为《丸经》的著作。

《丸经》是一本专门论述捶丸的古籍，详细介绍了捶丸的规则、技巧、场地设置、所用器具及道德要求等。有研究者认为，捶丸曾广泛流传到世界各地，可能是现代高尔夫球运动的重要起源之一。甚至有研究者将捶丸誉为高尔夫球运动的鼻祖，但这一观点目前仍存在较大争议。

捶丸是我国古代球类运动为适应社会风俗和文娱需求不断发展演变的必然结果，是我国古代民族体育发展的创造性展现。捶丸的诞生与发展遵循了发生学理论中事物发展的连续性逻辑，体现了承上启下的特点。体育运动发展谱系化理论进一步明确了捶丸与蹴鞠、击鞠和步打球等球类运动有着一定的"血缘"关系。显而易见，捶丸作为我国古代较晚出现的杖击球类运动，不仅彰显了我国古代杖击球类运动的谱系化与连续性特征，还集中体现了古人富有智慧、与时俱进和锐意创新的精神品质。

起源时间探

许多学者对捶丸何时出现颇感兴趣，他们纷纷提出唐代说、五代说、北宋说等观点。《丸经》的记载为捶丸的出现时间提供了一个最晚的时间界限，另有其他文献与文物为捶丸何时起源提供了一些模糊的线索。

一、《丸经》的记载

《丸经》不仅是一部体育技术指南，更融合了哲学、军事、伦理等多重文化维度，是中华传统体育智慧的集大成之作。其内容翔实、文辞典雅，至今仍被视为研究古代体育与社会文化的重要依据。

《丸经·序》引用《庄子》中"熊宜僚者"的故事，认为"捶丸，古战国之遗策也"，后又提及"至宋徽宗、金章宗，皆爱捶丸"[1]。据此，有学者认为捶丸最晚在北宋徽宗宣和七年（1125 年）就已经出现了。[2]

二、鎏金银带

1972 年辽宁省朝阳县前窗户村一座辽墓出土了一套童戏纹鎏金银大带，带具上铸印有童子们进行各种体育娱乐活动的画面，其中一块左下侧是童子进行棒击球游戏的情形。童子挽带执球杖，画面飘逸灵动，引人无限遐想。该墓葬埋葬的时间大约属统和后期至开泰初年之间，即约为澶渊之盟（1004 年）前后。[3]从童子进行棒击球游戏的画面来看，

不排除墓葬主人生前捶丸活动已经非常流行的可能性，那么捶丸诞生的时间点可推至 11世纪之前。

三、东轩笔录

北宋《东轩笔录》有一段涉及穴地打球的记述："余为儿童时，尝闻祖母集庆郡太宁陈夫人言：江南有国日，有县令钟离君，与邻县令许君结姻。钟离女将出适，买一婢以从嫁。一日，其婢执箕帚治地，至堂前，熟视地之窊处，恻然泣下。钟离君适见，怪问之，婢泣曰：'幼时我父于此穴地为球窝，道我戏剧。岁久矣，而窊处未改也。'钟离君惊曰：'而父何人？'婢曰：'我父乃两考前县令也。身死家破，我遂流落民间，而更卖为婢。'钟离君遽呼牙侩问之，复质于老吏，得其实。"[4]陈夫人所言"江南有国日"有史实背景：南唐李璟、李煜两人在位时，

① 刘秉果，张生平. 捶丸：中国古代的高尔夫球. 上海：上海古籍出版社，2005：39.

② 崔乐泉. 中国古代捶丸发展与演变的考古学观察：兼及古代体育史有关研究方法的思考. 体育学刊，2017（1）：58-63.

③ 靳枫毅. 辽宁朝阳前窗户村辽墓. 文物，1980（12）：17-29，99-100.

④ 魏泰撰. 东轩笔录. 李裕民点校. 北京：中华书局，1983：138.

都曾被去帝号，而称为"江南国主"。"江南有国日"指这两人在位的那段时期，即943—975年。文中县令在官宅"穴地为球窝"教女儿游戏，而穴地入窝是捶丸特有的标志，因此这一游戏可推测为捶丸。如这一判断成立，捶丸出现时间提早至943年。[①]

四、蜀地打球

据《分门古今类事·孟入之言》记载："同光乙酉岁……孟知祥走马入川，镇成都。先是蜀人打球，一棒入湖者，谓之猛入，音讹为孟入。"[②] 也就是说，925年后蜀之主孟知祥初镇成都时，当时蜀人已经在进行一种击球游戏，这种游戏一棒便入湖者，谓之"孟入"。《东京梦华录》关于击鞠有"左朋击球子过门入孟为胜"[③] 的记载。"入孟"与"孟入"同作制胜解。运动形式有别，因而进球的方式有"过门"和"入湖"之分。"一棒入湖"的意思类似于高尔夫球的"一杆入洞"，"湖"疑似"穴"，一击入穴者将直接获胜，称为"猛入"，传为"孟入"。从球窝设置、击球方式、规则与记筹方面考察，这种击球游戏疑似捶丸。花蕊夫人所作关于打球的《宫词》二首，其一为"小球场近曲池头，宣唤勋臣试打球。先向画廊排御幄，管弦声动立浮油"，其二为"自教宫娥学打球，玉鞍初跨柳腰柔。上棚知是官家认，遍遍长赢第一筹"。[④] 花蕊夫人乃是后蜀末代皇帝孟昶（孟知祥之子）的妃子。据此推断，孟知祥初到蜀地时，成都或许已经流行击鞠和捶丸等击球游戏。孟知祥初镇成都的时间为公元925年，因此捶丸的出现时间可能更早，或可追溯至925年之前。这一推断与张天琚等根据史料分析得出的结论相去不远，其认为在唐朝长达三百年的时间里，杖击球类运动就已经完成了由击鞠到步打球再到捶丸的演变。至少在唐代中晚期，四川就出现了捶丸活动。[⑤]

五、青花塔形罐

2006年10月，在郑州市上街区峡窝镇西约4公里处的一座唐墓中，考古发现了2件形制相同、大小略有差异且保存完整的唐代青花塔形罐。[⑥] 该青花塔形罐由盖、罐、底座三部分组成，其中一件罐体腹部绘牡丹图案，中间绘有一童子两脚分立，右腿微曲，左侧脚下有一圆球，左手高高扬起弯月形球杖，正欲击球，周围伴有蜜蜂与牡丹，构成一幅生动闲适的田园风景（图1-6）。该青花塔形罐上的描绘童子击球与宋金时期瓷枕上绘画的童子捶丸图十分相似，因而不排除是早期捶丸的可能性。如果此推断正确的话，则意味着唐朝时期就已出现捶丸雏形。

① 凌洪龄. 高尔夫球戏起源于中国古代捶丸的考证. 西北师范大学学报（自然科学版），1991(1): 66-72.
② 不著撰人. 分门古今类事（外八种）. 上海：上海古籍出版社，1991: 130.
③ 孟元老撰. 东京梦华录. 王永宽注译. 郑州：中州古籍出版社，2010: 135.
④ 花蕊夫人. 花蕊宫词笺注. 徐式文笺注. 成都：巴蜀书社，1992: 55, 61.
⑤ 张天琚，桂焱，韩烈保. 关于捶丸与高尔夫球的比较研究. 文物鉴定与鉴赏，2014(11): 78-84.
⑥ 郑州市文物考古研究院，郑州市上街区文化新闻出版局. 郑州上街峡窝唐墓发掘简报. 文物，2009(1): 22-26.

图 1-6　唐 童子捶丸图纹青花塔形罐
郑州市文物考古研究院藏

第三节

诞生之由

捶丸的诞生是体育运动自身发展演变的必然产物，但本质上更是当时经济、政治、军事和文化因素共同作用的结果。古人根据当时的社会状况，尝试通过多种方法不断寻找情感与身体管理的平衡。这种平衡不仅体现在对以杖击球类运动形式的持续改良和创新上，更体现在对此类运动功能的整合上，以满足多重社会需求。

一、强军目标

中国古代军事训练体系的演进与体育项目的生成之间存在着深刻的谱系关联。历朝统治者都深信"国之大事，在祀与戎"（《左传》）。在军事上，他们十分重视弓马骑射类科目的操练。汉朝帝王怀揣开疆拓土的雄心，北击匈奴、开通西域的目标直接推动了军事训练的日常化和规范化。蹴鞠作为"军中之戏"，在这一时期得到了广泛的推广。初唐统治者更是将大力扩充骑兵作为当时的一项军事政策，贞观时期推行的府兵制改革，催生出专业化轻骑兵建制。天宝六载（747年），唐玄宗下令全国开展击鞠运动，以提高轻骑兵的抗战能力，击鞠也因此成为全国的军事娱乐活动，并且迅速发展到全国各地。[1] 击鞠被引入骑兵训练，主要是为了提高兵将在马上完成各种战术动作的灵活性与敏捷性。捶丸正是由击鞠与步打球衍生而来，在捶丸的一些规则和要求中仍能找到击鞠的影子。例如，打法上的变化、策略的思考以及赏罚分明的要求等，在《丸经》中都有记述，如"远者立，近者蹲"[2] "先人者制人……后人者制于人"[3] "代施倍罚"[4] 等。可见捶丸这种正己强身的观念与军事训练之间的深层渊源。这种渊源揭示了中国古代强军意识中战术方法符号化、身体动作仪式化、强军意识日常化的普遍规律，也直接塑造了中国传统体育项目"寓武于文"的独特气质。

二、教化意图

简单看，君臣在马上夺球争胜，这种激烈的对抗性似乎有损皇权威严和森严的君臣等级制度，因此，无身体对抗性的捶丸逐渐成为新宠。进一步探究，从击鞠到捶丸的竞技范式转型，是古代政治伦理体系演进的具象化体现，其中蕴含着赵宋王朝利用体育的教化功能来巩固新型统治秩序的文化心态。

捶丸文化深受儒家思想的影响，《丸经》更是儒家身体与精神管理的典范之作。其中，

① 王海. 捶丸及高尔夫演变发展轨迹原因之分析. 体育科技文献通报, 2014(1): 1-2.
② 刘秉果, 张生平. 捶丸: 中国古代的高尔夫球. 上海: 上海古籍出版社, 2005: 73.
③ 刘秉果, 张生平. 捶丸: 中国古代的高尔夫球. 上海: 上海古籍出版社, 2005: 116.
④ 刘秉果, 张生平. 捶丸: 中国古代的高尔夫球. 上海: 上海古籍出版社, 2005: 102.

"富出微财则耻，贫出重货则竭"① "不绝者必胜之基……将竭者必败之道"② 等法则与内涵，契合了儒家"礼"的价值观；"捶丸之式，先习家风，后学体面"③ "若喜怒见面，利口伤人，君子不与也"④ "君子无所争……和而不同"⑤ 等理念，则遵循了儒家以"和"为宗旨的教育论和以"修己安人"为目标的修养论。可见，捶丸的推行还承载着以礼、和为教化内涵的政治任务，倡导参与者以礼会朋、以和为贵。捶丸的流行，标志着宋代统治者成功地将思想伦理和身体规训融入了具有可操作性的、具象化的文体项目之中。捶丸所蕴含的厚德载物、明德弘道、寓教于乐等传统治理智慧，为当下我们通过体育实践构建文化认同、讲好中国故事提供了微观视角，也有助于我们更深入地理解中华文明"连续性"的突出特性。

三、女权意识

在中国古代体育史谱系中，女性身体实践始终是观测社会性别秩序嬗变的重要维度。以击鞠、捶丸为代表的女性体育参与，呈现出从盛唐的身体解放到明清的伦理规训的演变轨迹，其背后映射着封建礼教与身体自主性的动态博弈。

受胡人文化的影响，唐代女性身体规训得到历史性松动，女性体育得到快速发展。女性开始大量参与击鞠、步打球等体育项目，"肥马轻裘，红妆击鞠"一时之间成为引人注目的风景线，女子骑马打球甚至在不少地区成为固定的表演活动，彰显了女性身体的解放与活力。唐代不少绘画和工艺品上表现了女性打球题材，文学作品中亦有关于女性打球的记述，如王建、花蕊夫人等人的《宫词》，以及鱼玄机的《咏球作》，这些都是当时女性体育的集中反映。直至明代，女性仍是捶丸的重要参与者，明代绘画中有关于仕女在庭院中进行捶丸

活动的描绘。捶丸与封建礼教的契合，为女性和稚幼儿童提供了一种文体娱乐的选择，女性群体在其中找到了一种在"发乎情"的身体解放与"止乎礼"的道德约束之间取得合法性的巧妙平衡，这便是中国传统女性体育生存的智慧与特色。

四、创新思维

中国古代体育发展史，本质上是一部技术文明与身体管理的互动史。在"六艺"体系下，各历史时期流行的体育项目交替演进（如先秦的燕射、汉代的蹴鞠、宋明的捶丸等），既映射出社会权力结构的变迁，更反映出体育器具技术创新与社会文体需求的双向塑造机制的良性运作。

捶丸至迟在 11 世纪完成了从身体训练向休闲娱乐的转型，从关注身体管理上升到精神享乐层面。其低对抗性和文雅的特征，契合宋代社会的文化取向。考古资料显示，宋金时期球杖形式较单一，表明这时期捶丸尚处于标准化推广阶段，无论是器具、规则，还是场地、赛事，都仍保留有大量步打球乃至击鞠的影子。

至元代，情况得到极大改善。首先，作为捶丸发展的理论成果，《丸经》的问世成为捶丸发展的里程碑事件；其次，捶丸器材中的球

① 刘秉果，张生平.捶丸：中国古代的高尔夫球.上海：上海古籍出版社，2005：79.
② 刘秉果，张生平.捶丸：中国古代的高尔夫球.上海：上海古籍出版社，2005：79.
③ 刘秉果，张生平.捶丸：中国古代的高尔夫球.上海：上海古籍出版社，2005：46.
④ 刘秉果，张生平.捶丸：中国古代的高尔夫球.上海：上海古籍出版社，2005：46.
⑤ 刘秉果，张生平.捶丸：中国古代的高尔夫球.上海：上海古籍出版社，2005：122.

杖实现分类，出现了杓棒、扑棒、撺棒等多种类型，陶瓷用球的形式也更加多样，抗击耐磨性能显著提升；最后，彩旗、球基、各式球杖、球窝等内涵的补充和完善，使捶丸在击鞠、步打球的基础上脱胎换骨，标志着其真正踏上了独立化发展的道路。

明代捶丸的球杖已经创新发展至多种套件，甚至每类球杖都达到了"乌木为体、错金为纹"的工艺水准。这些球杖的创新创造，反映出捶丸器具与相应规则的细化、规范化和等级化水平。捶丸所体现出的创新思维，正是古代体育"需求—技术—制度"创新机制的一种集中体现，是古代体育谱系化发展的典型案例。

第二章

捶丸的发展

捶丸虽在唐中晚期已有所显现，但其规制尚处于"戏而无常法"的雏形阶段。至宋辽金时期，南北经济互通促进了都市文明的勃兴，捶丸经济初具规模，形成器具制作的工匠群体和专门的交易门店。宋廷礼制机构对捶丸进行了仪礼化规范，标志着该项运动完成了从贵族消遣向市民娱乐的转型。元代多元文化生态为捶丸注入了新动能：尽管尚武之风盛行，但大都贵族仍"日昃捶丸为乐"，这反映出游牧政权对汉地雅艺的主动接纳和融合。《丸经》的编纂具有里程碑意义，它将以往的捶丸运动经验提升到了理论层面，促进了其文化广泛而快速的传播。当时，欧亚大陆广泛而深入的文化交流和融合，也是捶丸发展与文化传播的关键因素。明代科学技术的进步为捶丸器材的生产注入了强大动力。同时，小说、戏剧、绘画等文学艺术以及哲学思想领域的显著成就，也为捶丸的发展提供了更为开放和多元的环境。从宫廷到市民群体，形成了一股强劲的文体休闲运动风尚，捶丸发展进入了鼎盛时期。

宋辽金捶丸

宋辽金时期的文学作品、绘画和雕刻等史料表明，经历了长期而广泛的流传，捶丸已然发展成为一项受社会多个阶层十分欢迎的运动。

一、捶丸的普及

捶丸的普及，具体表现为参与人群日益增多、普及区域逐渐扩大两个方面。

（一）参与人群日益增多

《宋史·打球》载："打球，本军中戏。太宗令有司详定其仪。三月，会鞠大明殿。"[1] 依据太宗令有关部门"详定其仪"可知，宋初统治者十分重视"打球"运动，并要求具体部门制定出与当朝礼制相适应的仪规，以便官方组织此类大型赛事。《东京梦华录·驾幸宝津楼宴殿》对击球场地的专门记述表明，当时汴京供市民"打球"的设施健全，文中还描述了骑马"大打"与骑驴"小打"的比赛场景。随着宋代儒家养生保身和寓教于乐观念逐渐深入人心，"打球"的性质逐渐由早期的对抗健身的军戏观转向更为普世的以和合为贵的道德观。从"大打""小打"到步打球再到捶丸的演化过程中，此类活动的对抗性逐渐弱化，而养生保身和文化娱乐的追求则日益凸显。宋初统治者对低对抗性"打球"比赛的浓厚兴趣，成为包括捶丸在内的"打球"运动快速发展的重要推动力。

根据目前掌握的史料，宋朝之前有关捶丸活动的记录较少。宋朝以降，有关捶丸的史料逐渐增多，侧面证明捶丸在宋及后世的发展状况。《丸经·序》中"宋徽宗、金章宗，皆爱捶丸，盛以锦囊，击以彩棒，碾玉缀顶，饰金缘边"[2] 的记载表明，统治者的参与使捶丸获得了极高的社会地位，其活动器具被装饰得极为奢华，球杖一端镶饰金玉，杖身彩绘，球则收纳于锦囊之中，在帝王的推崇下，就连捶丸器具也变得富丽堂皇。

受此影响，当时的文人墨客、达官贵人经常邀请好友切磋捶丸球技，这种寻常生活偶见于文学作品。金末元初的著名作家和历史学家元好问在《续夷坚志·京娘墓》提及"他日寒食，元老为友招，击丸于园西隙地。仆有指京娘墓窝场者"[3]。在寒食节之际，元好问邀请若干好友在自家庭院的空地进行捶丸活动。元好问的朋友应多是文人墨客、达官贵人，捶丸成为他们休闲娱乐的重要内容，可见当时捶丸蔚然成风，参与的人众多，甚至成为当时的一种社交手段。

① 脱脱等撰．宋史：第九册（卷一一六至卷一二九）．北京：中华书局，1985：2841.
② 刘秉果，张生平．捶丸：中国古代的高尔夫球．上海：上海古籍出版社，2005：39.
③ 元好问．续夷坚志评注：元好问志怪小说．李正民评注．太原：山西古籍出版社，1999：14.

宋代儿童群体也非常喜爱捶丸。《过庭录》成书于北宋时期，该书记载的多为两宋时期的名人轶事，在"滕元发少侍文正长与忠宣交往"篇中记载，滕元发"爱击角球，文正每戒之，不听。一日，文正寻大郎肄业，乃击球于外，文正怒，命取球令小吏直面以铁槌碎之。球为铁所击，起，中小吏之额。小吏获痛间，滕在旁，拱手微言曰：快哉！文正亦优之，至登第仕宦始去"[1]。杨静荣认为此篇讲的角球正是儿童版捶丸游戏。[2] 可见当时的官宦子弟群体对捶丸的喜爱已达到痴迷的程度。[3]此外，现存陕西省甘泉县博物馆的一件宋代童子捶丸纹画像砖（图2-1），形象地描绘了孩童练习捶丸的情形。图像中两位童子屈膝跪地，共同持握一把弯头球杖，仿佛正在学习击球的要领，形象地反映出宋代捶丸在孩童群体中的风靡情况。

南宋绢本画作《蕉阴击球图》（图2-2），描绘了南宋贵族庭院芭蕉绿荫下两孩童进行捶丸游戏的情景。其中一童子侧蹲手持小球杖，正欲击打黑色圆球，另一童子右手持短杖伫立，左手指挥前面童子如何击球。几案后一妇人与其丫鬟正观赏孩童游戏。与之相呼应，一首宋诗"城间小儿喜捶丸，一棒横击落青毡。纵令相隔云山路，曲折轻巧入窝圆"生动描绘了当时孩童精于捶丸的场景。

宋金时期的瓷枕上也出现了捶丸装饰题材。现藏于峰峰矿区磁州窑艺术博物馆的一件金代豆形瓷枕（图2-3），枕面描绘着童子捶丸的场景。场地空旷，童子身着锦缎，左手提衫，右手执球杖，作欲击球状。这种装饰在宋代瓷枕上也较为常见。捶丸题材大量装饰于各

图2-1 宋 童子捶丸纹画像砖（上）及拓片（下）
（长33.50cm，宽33.50cm，厚6.00cm）
陕西省甘泉县博物馆藏

① 墨庄漫录/过庭录/可书.孔凡礼点校.北京：中华书局，2002：368-369.
② 杨静荣."击角球"考识.收藏，2008（4）：80-83.
③ 崔乐泉.中国古代捶丸发展与演变的考古学观察：兼及古代体育史有关研究方法的思考.体育学刊，2017，24（1）：58-63.

图 2-2　宋 蕉阴击球图
（高 25.00cm，宽 24.50cm）
故宫博物院藏

图2-3 金 童子捶丸豆形瓷枕
（长23.00cm，宽20.00cm，高9.50cm）
峰峰矿区磁州窑艺术博物馆藏

类生活用品，反映出当时民众对捶丸的喜爱程度，同时表明捶丸已深刻融入各社会阶层的日常生活。

综上所述，除战乱时期，宋辽金时期参与捶丸的人群整体呈增加趋势，统治阶级、官宦文人及孩童是捶丸活动的主要群体。随着参与群体的扩大，捶丸场地也呈现多样化，主要以宫廷、府苑和郊外为主。参与群体和场地的增加，意味着捶丸文化在当时得到了较好的传播。

（二）普及区域逐渐扩大

北宋人口、经济、文化空前繁荣。作为全国政治、经济和文化中心，汴京应是河南地区乃至宋朝捶丸开展最为兴盛之地，《东京梦华录》"都人击球之所"的记述可基本证实当时汴京有着完善的"击球"设施。考古还发现，除汴京外，宋辽金时期多个地区（包括现在的山东、四川、辽宁、内蒙古等地）都有捶丸活动的记录。

2002年，泰安市博物馆专业人员在清理岱庙西城墙遗址时，在地表下发现了一组宋代石刻，其中一幅为石刻画捶丸图（图2-4）。图中儿童两耳后的发髻和捆扎的软巾表明其女童身份，女童右手持球，左手举持偃月形短杖。此球杖自上而下逐渐变细，棒端弧状弯曲，疑

图 2-4 宋 童子捶丸图
（长 40.00cm，宽 29.50cm）
泰安市博物馆藏

为捶丸所用"杓棒"。女童双腿分立，双唇紧闭，两眼紧盯右前方，呈现全神贯注正欲发球姿态。这幅童子捶丸图石刻成为宋代山东地区开展捶丸活动的重要史料，极具研究价值。

四川地区也发现了唐宋时期开展捶丸游戏的证据，出土了一定数量的陶瓷、木材、墨玉、金刚石和玛瑙等多种材质的球形遗物，这些球大小不一，有些还带凹点，明显有击打的痕迹，研究者认为这些可能是捶丸用球。[1]另据文献记载，后蜀皇帝孟知祥镇守成都之时，就看到成都人执棒打球。有学者大胆推测，唐宋六百年间，相较于其他地区，四川的社会相对安定、经济文化十分发达，这样的环境下四川开展捶丸活动是合乎逻辑的。[2]

此外，河北巨鹿出土的宋代陶枕上有宋代儿童捶丸的画面，其中一幅为男孩持杓棒，另一幅是男孩持扑棒。[3]辽金时期，捶丸在中原及以外的地区也十分盛行，金代童子捶丸豆形瓷枕等文物就是当时捶丸开展的重要见证。

① 张天琚，桂焱，韩烈保. 关于捶丸与高尔夫球的比较研究. 文物鉴定与鉴赏，2014(11): 78-84.
② 张天琚. 从出土捶丸谈古代四川的马球、步打球和捶丸运动. 收藏界，2008(7): 101-103.
③ 张卫军. 中国古代捶丸运动的兴衰. 民营科技，2011(12): 163.

综上，宋辽金时期捶丸的开展区域以中原地区为中心，并向南北方拓展，甚至向域外传播。社会各阶层对捶丸的热爱和推崇，背后必然有其自身的魅力及社会多重因素的推动。探究这些成因，是全面了解捶丸发展的关键之所在。

二、捶丸发展促因

宋辽金时期，捶丸得到快速发展，这与当时都市的兴起与繁荣、对捶丸文化的推崇密切相关。

（一）都市繁华

宋代是中国古代经济、文化与教育发展的鼎盛时期，社会经济的繁荣与城市化进程的加速为捶丸运动的兴起提供了历史性契机。

其一，社会基础与物质条件的成熟。得益于长期的政权稳定与农业技术的进步，宋代不仅实现了"稻米流脂粟米白"的丰饶物产，更催生了发达的商品经济体系。都城汴京的商贸网络通宵达旦，市井格局屋宇雄壮、门面广阔，为市民提供了充裕的闲暇时间与消费能力。在此背景下，捶丸所需的专业场地（如角球场、丸棚）、精制器材（包金镶玉球杖、锦囊球袋、彩绘陶瓷捶丸）及赛事服务得以通过成熟的商业分工实现规模化供给。

其二，市民阶层扩张催生的文化需求。随着户籍制度松动与城乡人口流动，宋代都市形成了复合型社会结构：以官吏、文人为核心，囊括商贾、军士、工匠乃至流动雇员的市民群体。这一群体在物质生活丰裕后，开始追求捶丸这种雅俗共赏的精神消费。捶丸融合竞技性、礼仪性与社交性，迅速成为上至皇室下至市井的全民性活动。临安瓦舍甚至出现专门教授捶丸技巧的"打球社"，进一步印证了该项运动的流行程度。

其三，产业链条与消费经济的双向驱动。捶丸的流行直接刺激了相关产业的发展：球杖制作需经择木、燥形、髹漆等多道工序，催生了专门生产专业器材的匠户群体；球场经营涉及地契交易、日常维护与赛事筹办，形成系统的商业服务体系；节庆期间更衍生出捶丸主题的博彩、服饰、书画、玩具等衍生消费。从而在宋代初步形成了运动-产业共生关系。这种关系的形成，本质上依托于宋代高度货币化的商品经济。可见，捶丸超越了单纯的娱乐活动，成为观察宋代市民经济的重要窗口。

要言之，捶丸在宋代的快速发展绝非偶然，而是受益于当时"农商并重"的经济结构、"崇文享乐"的社会风气与"百工竞巧"的技术生态的合力。

（二）捶丸文化魅力

宋辽金时期，捶丸之所以受到统治者推崇，主要归因于其独特的文化魅力，这种魅力在于它的内涵与当时"崇文"的风气及儒学"修身养性"的倡导高度契合。相较于击鞠，捶丸更安全易行，无须马、驴参与，避免了高强度的对抗和坠马风险，对身体素质和经济能力要求更低。

宋代程朱理学盛行，社会一改唐朝"尚武"的面貌。这一风气转变，源自统治者意识到了异己军事力量对统治的威胁，他们深谙"以马上得天下，不能以马上治天下"的古训。太祖建国后，为巩固统治，提升文官地位，将文士视为治国的主要力量。"重文轻武"逐渐从政治演变为普遍的社会意识和文娱风尚。在此背景下，瓦舍勾栏成为当时世俗主流的娱乐场所，文人推崇雅致文静的娱乐方式，点茶、焚香、插花、挂画之"四雅"无不紧扣文静典雅之风。捶丸以其文雅娱乐的特性，既满足了世俗民众的消遣需求，又迎合了社会文娱的偏好，这种风气正是在统治者文化人意图的默许下开展的。因此，捶丸深受社会的推崇，在短时间内盛行开来。

此外，捶丸蕴含着浓厚的儒家思想，如"寓教于乐"和"养生保身"。捶丸推崇"是故会朋必以君子而远小人也"[1]"君子无所争……和而不同"[2]，这一主张与儒学"君子和而不同"思想高度契合。捶丸虽然是一项竞技比赛，但要求参与者淡泊名利、修身正己。捶丸规则可概括为"捶丸之制，全式为上，破式次之，违式出之"[3]。就是说，参赛者完全遵守规矩是最好的，如果无意中犯规则表现得不够好，但如有意违反规纪则要被罚出场外。这体现了儒家"不以规矩，不能成方圆"的社会教化思想。另如，捶丸规则要求比赛时参与者需带齐三种球杖，以防有人借口下场取球杖而拖延比赛时间，如不遵循这一规则就会记罚一筹。捶丸舒活筋骨、修心健身的功能符合儒家养生观，符合当时上流阶层的要求。宋朝养生观念十分盛行，强调"养生者，形要小劳，无至大疲"[4]，主张动静结合，适量运动。综上，这些是捶丸在当时社会各阶层中受到认同和热捧的主要内因。

① 刘秉果，张生平．捶丸：中国古代的高尔夫球．上海：上海古籍出版社，2005：65．
② 刘秉果，张生平．捶丸：中国古代的高尔夫球．上海：上海古籍出版社，2005：122．
③ 刘秉果，张生平．捶丸：中国古代的高尔夫球．上海：上海古籍出版社，2005：46．
④ 蒲虔贯．保生要录．上海：上海古籍出版社，1990：1．

至元八年（1271 年），忽必烈称帝，正式建立国号大元。这一时期，海外贸易与商品经济繁荣发展，中外文化交流也日益频繁。元代统治者延续了宋辽金时期帝王对捶丸游戏的推崇之风，《丸经》的问世与流传更是进一步促进了捶丸文化的广泛传播。在前代普及的基础上，捶丸在元代达到了前所未有的兴盛水平，成为一项广泛流传的体育活动。

一、《丸经》问世

（一）《丸经》概述

《丸经》以文本形式系统总结并确定了捶丸的规则与游戏方法，是中国古代第一部全面阐述运动方法、规则与道德标准的体育专业书籍，堪称捶丸乃至中国传统体育长期发展的标志性成果之一。关于其成书时间，一般认为是元世祖至元十九年（1282 年），也有的认为是元惠宗至正二年（1342 年）[1]。除"序"以外，《丸经》分为上下两卷，共计三十二章，约 1.2 万字。其中，因地章、择利章、正仪章主要介绍捶丸场地的选择与营建要求，试艺章、权舆章、制器章、取材章阐述球杖和球（丸）的制作方法与标准，审时章、取友章、衍数章、运筹章、制财章涉及比赛时间、分组、奖筹等事项，定基章、置序章、记止章、决胜章、出奇章、适宜章、处用章、观形章、集智章、举要章、知几章、守中章介绍捶丸规则、游戏方法与技巧，承式章、崇古章、善行章、宁志章、玩心章、贵知章、待傲章、知人章则涵盖捶丸的道德要求、心态、违规事项等内容。[2]

总体而言，《丸经》作为唯一一部捶丸专业古籍，不仅从体育学角度进行解析总结，还兼顾了社会学、工艺学、哲学与美学等领域的综合探讨，其问世标志着捶丸这一文体项目至迟在元代已达到成熟和完善阶段。

（二）《丸经》影响

《丸经》极大地促进了捶丸的发展和传播，其影响力甚至超越了传统体育范畴。特别是书中提到的众多捶丸专业术语，对后世文学作品的创作产生了积极影响。例如，关汉卿的杂剧《赵盼儿风月救风尘》提到的"打一棒快球子"[3]，以及康进之的《梁山泊李逵负荆》中的"打干净球儿不道的走了你"[4]，都是捶丸术语的巧妙转化，这表明当时社会对这些术语的概念和引申义非常熟悉。此外，元人小令《观九副使小打》似乎借鉴了《丸经》的记载，小令中描述的场地、器具、规则、技术以及礼仪等内容与《丸经》中的描述高度吻合。

① 曾睿 .《丸经》研究 . 武汉：华中师范大学博士论文，2022：17.

② 刘秉果，张生平 . 捶丸：中国古代的高尔夫球 . 上海：上海古籍出版社，2005：38.

③ 关汉卿 . 关汉卿全集 . 吴国钦校注 . 广州：广东高等教育出版社，1988：97.

④ 陈大海选析 . 元杂剧赏析 . 南宁：广西教育出版社，1989：94.

《丸经》不仅在当时的国内广为人知，还很可能通过商贾、使节和传教士等渠道传播到其他国家，使其他国家得以了解捶丸的更多细节，从而促进了捶丸在这些国家的发展。例如，朝鲜半岛的古籍《朴通事谚解》就记载了元大都进行捶丸的情景，以及活动的具体方法和规则。通过对比研究，许多学者发现高尔夫球运动与《丸经》中描述的捶丸规则存在较大相似性，因此不能完全排除《丸经》间接影响了欧洲高尔夫球运动的可能性。

二、捶丸的兴盛

元代的文艺作品是了解当时捶丸兴盛情况的重要依据，其中以元杂剧、元曲、诗词和绘画体现得最为集中。

（一）元杂剧、元曲与诗词

元杂剧在我国的戏曲当中占有重要的地位，其中许多故事的创作灵感来源于社会生活，其中不乏捶丸活动。元杂剧《逞风流王焕百花亭》的第二折（上小楼）曲中，汴京书生王焕自夸什么游戏都会时说："折莫是捶丸气球，围棋双陆，顶针续麻，拆白道字，买快探阄。锦筝搊，白苎讴……"[①] 可见当时捶丸技能成为了评价一个人才能和才艺的标准之一。另一部元杂剧《立功勋庆赏端阳》中有一句道白："你敢和我捶丸射柳，比试武艺么？"[②] 这表明捶丸在当时是人们炫耀和比试才艺的重要内容之一，足见元代捶丸的流行与普及程度。

元代散曲中也有描述捶丸活动场景的内容。元朝著名散曲家、剧作家张可久写了两首散曲小令《观九副使小打二首》〔南吕金字经〕，一为"静院春三月，锦衣来众官，试我花张董四搋。搋，柳边田地宽。湖山畔，翠窝藏玉丸"，一为"步款莎烟细，袖悭猿臂搋，一点神光落九天。穿，万丝杨柳烟。人争羡，福星临庆元"。[③] 前一首交代了参加捶丸活动的人物有"锦衣众官"还有地方绅士，包括"作者、花、张和董"四人。阳春三月，众人来到"柳边田地宽""湖山畔"的自然环境中。所谓"翠窝"就是绿茵草坪中的球洞，"翠窝藏玉丸"就是击球入洞的描述。后一首主要写捶丸远击飞行，这种打法叫作"搋"。写捶丸者卷起袖子挥臂"搋"丸，球丸被高高"搋"飞到天空中，在空中飞行的球丸从无数细柳枝的空当中穿梭而过，然后落下。

张昱的《辇下曲》描写了某位贵族参与捶丸活动的情景，其中"闲家日逐小公侯，蓝棒相随觅打球。向晚醉嫌归路远，金鞭梢过御街头"[④] 几句描述的是小公侯带着手持"蓝棒"的"闲家"去打球。其中，"蓝"通"篮"，应指装捶丸球杆的提篮。《丸经》中提到，捶丸活动不使用的球杖需要盛放在提篮内。"棒"指的是捶丸击球所用的球杖。"闲家"或许指的是"小公侯"的一众跟班或仆人，并且"闲家"还具有了类似于现代高尔夫球场球童（《丸经》谓之"伴当"[⑤]）的性质。

---

① 姜丽华整理. 元人杂剧选. 上海：复旦大学出版社，2013：275.

② 转引自林墨. 文物中的体育故事. https://www.rmzxw.com.cn/c/2016-08-18/984372.shtml. 2016-08-18.

③ 隋树森. 全元散曲（中）. 北京：中华书局，2018：1106-1107.

④ 柯九思等. 辽金元宫词. 北京：北京古籍出版社，1988：16.

⑤ 刘秉果，张生平. 捶丸：中国古代的高尔夫球. 上海：上海古籍出版社，2005：49.

（二）绘画

现存于山西省洪洞县广胜寺水神庙中的元代壁画《捶丸图》（图2-5），生动地展现了当时捶丸活动的场景。该壁画位于水神庙明应王殿西壁，画幅虽不大，却具有极高的考古价值。壁画描绘了群山环绕、溪水侧畔的一片旷野上，两名身着红衣的官吏蹲姿执杖。画面左侧的男子正欲推杆将球打入盘口大小的球窝，而右侧的男子则蹲于球窝附近，聚精会神地观察击球者的动作。画面中还有两名年轻绿衣立姿侍从。远处的侍从双腿分离，双手将球杖揽入怀中，静候主人的召唤；而靠近球窝的侍从身后空地上停有对方的小球，已非常靠近球窝，可见其主人的小球在距离上还落后于对方。比赛似乎到了最后一击的紧张局面，只见侍从慌忙将球杖夹于腋下，一手迅速指向球窝，似在引导主人击球前微调击球路线，力求一击得筹。该壁画以写实的手法，细致入微地记录了捶丸胜负局

---

① 崔乐泉 . 中国古代球类活动演进与捶丸起源研究：兼具考古学资料分析 . 体育科学，2016 (7): 89-97.

图 2-5　元 捶丸图
山西省洪洞县广胜寺①

中人物的肢体语言和紧张的气氛，完美地呈现了元代捶丸比赛的情形，为捶丸研究提供了丰富而珍贵的信息。

需要强调的是，壁画中两位伴当每人手持一根球杖，从画面最右侧伴当的站姿考察，他们并不是此次捶丸活动的主角，而是为各自的官员主人提供竞技服务。前文提到捶丸的规则要求比赛者上场要带够球杖，防止比赛中途有人借故下场取球杖而中断比赛节奏，两位伴当的作用之一是帮助主人携带备用球杖，这一点与高尔夫球球童的作用是一致的。但元代捶丸不止于此，伴当似乎还可以间接参与到比赛中，像画面描绘的那样为捶丸者提供技术参考，或者说，是长距离击球者设置在球洞边的观察手，为击球路线提供必要的引导服务，可见这类"球童服务"早在元代捶丸中就已设置。

三、捶丸兴盛之因

（一）社会文体风尚

《丸经·序》中提及："方今天下隆平，边陲宁谧，将帅宴安于囊弓服矢之际，士卒嬉游于放牛归马之余，苟非弹石习闲，何以临机而制敌也。"[①]在相对稳定的社会环境中，人们安居乐业，同时居安思危，对文体休闲项目的需求随之大增，这为元代捶丸的繁荣发展提供了有利契机。元初，《丸经》一书总结了前人的捶丸经验，明确规定了捶丸的场地、器具、规则、技法及道德规范等内容，为捶丸提供了系统的理论支持和实践指导，使其发展成为一项十分成熟的文体活动，极大地促进了捶丸的发展与传播。

此外，元杂剧、元曲以及诗词的盛行，特别是其中关于捶丸活动和术语的记述，进一步扩大了捶丸的传播范围，使其在更广泛的群体中形成了风尚，甚至成为年轻人斗艺的主要项目。年轻群体的纷纷加入，为捶丸的兴盛注入了强大动力。

（二）文化交融

元朝的统一为北方草原地区与中原地区之间的文化交流开辟了广阔的空间，也为捶丸技术与文化的融合奠定了坚实基础。在这一时期，捶丸球杖的制作工艺、球场的设置规范、竞赛规则都得到了显著提升和完善。《丸经》作为元代捶丸运动的重要理论成果，其内容不仅总结了中原地区的捶丸经验，还可能吸收了北方草原地区的相关技艺。元军的西征进一步拓展了文化交流的边界，间接促进了中国与中亚、西亚乃至欧洲的文化互动。蒙古军队在征讨过程中，征召了契丹、畏兀儿、西夏、女真、汉等多民族士兵，其中不乏捶丸高手。在这一过程中，捶丸不仅在不同地域和民族间传播，还吸收了中西亚地区的类似体育文化元素，逐渐形成了具有国际化特征的运动形式。这种跨文化的交流与融合，使捶丸在形式和内涵上都得到了丰富与发展，甚至可能对现代高尔夫球的起源产生了深远影响。

总之，元朝时期的多民族、多地域、多国家间的文化交流，为捶丸的兴盛与国际传播提供了强大动力。这种文化交流不仅推动了捶丸在国内的广泛传播，还使其跨越国界，成为古代体育文化交流的重要载体。

---

① 刘秉果, 张生平. 捶丸: 中国古代的高尔夫球. 上海: 上海古籍出版社, 2005: 39.

明代捶丸

捶丸发展至明代，已经演变成一项兼具深厚文化内涵与底蕴的体育活动。明代画作《宣宗行乐图》《仕女捶丸图》以细腻的笔触，分别描绘了帝王亲自参与捶丸、众仕女在庭院中进行捶丸活动的情景。这些图像不仅生动记录了当时捶丸活动的盛况，还直观地展现了捶丸与现代高尔夫球在诸多方面的高度相似性，有力地证明了明代捶丸文化的成熟程度。《丸经》的文化影响力在明代达到了巅峰，多个明代版本的流传，如顾起经本、周履靖本等，充分反映了当时捶丸及其文化成果的广泛受欢迎程度，也进一步彰显了明代社会对这一活动的高度认可与推崇。

一、《丸经》版本

多部古籍中收录了《丸经》这一重要体育文献，其中最具代表性的包括元末明初陶宗仪编撰的《说郛》、明嘉靖年间（1522—1566年）顾起经刻制的《小十三经》及沈津的《重订欣赏编》、明万历年间（1573—1620年）周履靖编辑的《夷门广牍》。

陶宗仪所编的《说郛》中收录的《丸经》版本较为特殊，既无作者介绍，也缺失了序。值得注意的是，《说郛》原书在明代已佚，现今流传的一百卷本（涵芬楼本）和一百二十卷本（宛委山堂本）均为后世整理。其中，一百卷本为陶宗仪所编无疑，而一百二十卷本则是清顺治三年（1646年）由陶宗仪之孙陶珽在

其祖父藏书的基础上增补而成。据分析，《说郛》中收录的《丸经》是元代的刊本。[①]

相比之下，明嘉靖壬戌年（1562年）顾起经在刻制《小十三经》时收录的《丸经》，则包含了对作者宁志斋老人的简短介绍以及完整的序，说明两者所依据的底本存在差异。顾起经刊刻《丸经》时，在跋中特意说明，"余从吴阊门购此旧刻，喜其完好不缺，遂出之箧衍，授之梓局，聊与烂柯、壶格诸书并而传之，为吾侪艺游中添一雅具云"[②]，他的目的是在士大夫阶层中推广捶丸活动。他所谓的"旧刻"，很有可能是明代早期的《丸经》版本。考虑到顾起经生活的年代距元初《丸经》成书已近300年，且此版本与陶宗仪《说郛》所录存在显著差异，增添了作者介绍及序，因此其或距元初不远，所增内容也颇具可信度。由此推测，顾起经的翻刻本或已是《丸经》第三版之后的版本。此外，明代学者杨士奇在正统六年（1441年）与马愉、曹鼎等人编成的《文渊阁书目》提及有《捶丸集》一卷，以及被称为"嘉靖八子"的李开先在《闲居集》收录的诗文《打球》

① 王家仕. 从《丸经》的版本看中国古代捶丸的演变. 西安体育学院学报, 2005(3): 61-63.
② 刘秉果, 张生平. 捶丸: 中国古代的高尔夫球. 上海: 上海古籍出版社, 2005: 128. 烂柯指围棋, 出自围棋"王质烂柯"之典故。壶格指投壶, 源自北宋司马光为投壶比赛编写的一本名为《投壶新格》的册子。

下自注"详见《捶丸集》",均暗示明代可能存在另一种版本的《丸经》,即《捶丸集》,但如今已难以考证。[①] 嘉靖年间,沈津在编纂《重订欣赏编》时也将《丸经》收录其中,并将其归类为大众娱乐游戏项目类。

至明万历年间,周履靖编的《夷门广牍》中收录了《丸经》,其跋言明确"予壮游都邑间,好事者多尚捶丸",说明此时的明代社会捶丸运动开展已较为普及,他刊刻《丸经》就是为了更好地推动捶丸的发展。周履靖在《丸经》跋中又说:"若将帅之笁生平,士君子之消暇日,习坐作进退之式,察击捶胜负之机,推而致之,触类而长之,抑亦收放心,怡神情,动荡血脉,畅其四肢,岂博弈者所能企其万一者哉,宜乎君子不器而取友以同乐之。"[②] 可见,捶丸运动不只是能达到休闲娱乐的目的,也具有修身、怡神、健身的作用,所以受到士君子的欢迎,并在当时社会各个阶层盛行。[③]

二、捶丸的兴盛

除多种版本《丸经》的流行外,明代与捶丸相关的文艺作品众多,充分证实了当时捶丸运动的盛况。这些文艺作品以诗词、小说和绘画为主,详细记录了捶丸的参与群体、打法规则、所需器材以及场地设置等内容,对研究明代捶丸文化弥足珍贵。

(一) 文学艺术

诗词方面,明初朱有燉《元宫词》:"苑内萧墙景最幽,一方池阁正新秋。内臣净扫场中地,宫里时来步打球。"[④] 词中"步打球"在当时可作捶丸解,"苑内萧墙"和"宫里"表明宫廷是捶丸活动的重要场地。宫廷中的权贵是捶丸的头号玩家,上层社会的推崇对这项运动的风行起到了至关重要的作用。嘉靖四十

年(1561年),李开先在其《打球》一诗中写道:"安基齐燕尾,如射中鸿心。柄过窝难挂,球轻体欲沉。得来手扑棒,妙处线穿针。胜负俱休论,忘情岁已深。"[⑤] 文中的"基"是捶丸活动的起点,由捶丸者自己选定。《丸经》中对如何安基有详细说明,"基,纵不盈尺,横亦不盈尺……择地而处之……直向而画之……瓦砾则除之"[⑥],即选好"基"后,朝着球进窝的方向画一个记号,并清除"基"中的杂物,"基"的范围不能超过一尺。《闲居集·打球》诗中八句基本对照了《丸经》关于捶丸规则的记叙,并引用了其中如"基""窝""扑棒"等专业术语,这表明《丸经》对明代人捶丸活动产生了深刻影响。

在明代长篇世情小说《金瓶梅》中,主人公西门庆依靠钱财买官,仗势欺压良民而起家,其生活贪图享乐却附庸风雅,以模仿文人下棋、投壶、行酒令等文娱活动为乐。在这些文娱活动中,捶丸是一个重要的项目。《金瓶梅》第三十回写道,西门庆派张安去买赵寡妇家的庄子和土地,并向潘金莲解释道:"若买成这庄子,展开合为一处,里面盖三间卷棚,三间厅房,叠山子花园、井亭、射箭厅,打球场耍子去处。"[⑦] 这里所说的"打

① 王家仕.从《丸经》的版本看中国古代捶丸的演变.西安体育学院学报,2005(3):61-63.
② 刘秉果,张生平.捶丸:中国古代的高尔夫球.上海:上海古籍出版社,2005:132.
③ 王家仕.从《丸经》的版本看中国古代捶丸的演变.西安体育学院学报,2005(3):61-63.
④ 朱有燉.朱有燉集.赵晓红整理.济南:齐鲁书社,2014:798.
⑤ 李开先.李开先全集(上).北京:文化艺术出版社,2004:159.
⑥ 刘秉果,张生平.捶丸:中国古代的高尔夫球.上海:上海古籍出版社,2005:61.
⑦ 兰陵笑笑生.会评会校金瓶梅(一).刘辉,吴敢辑校.香港:天地图书有限公司,1998:621.

球场"便是用于捶丸的场地。此处与李开先《打球》一诗中将"捶丸"称为"打球"的表述相同，进一步证实了明代"打球"一词通常指的是捶丸活动。

（二）绘画

绘画方面，明朝宫廷画师商喜作绢本设色《宣宗行乐图》，其中一段描绘了明宣德皇帝朱瞻基在宫廷庭院中进行捶丸的场景（图2-6）。画面中，捶丸场地开阔，亭苑、石栏、奇石、虬木、繁花、步道等布置得精致典雅。球场上设有约10个洞窝，每个球窝旁边都插有各色标旗，用以标识球窝的位置并加以区别。球窝与标旗的设置位置与间距似乎遵循着一定的规律性，这种规律性很可能是捶丸游戏规则的直接体现。值得注意的是，画面

中标旗和球窝在场地四角和中心的位置略有差异，这很可能是画师为了更好地安排人物位置而做出的微调。朱瞻基双手各执一根弯头球杖，似乎在思考采用何种技巧来击打脚边的小球。一众侍从则分立在球场内外，随时准备为皇帝提供服务。

《宣宗行乐图》为深入解读捶丸运动提供了几处细致入微的细节：一是众侍从身着蓝色或绿色服装，这应与他们在宫廷中所担任的不同职务有关。二是朱瞻基左手边有一位身穿绿色服装的侍者，斜肩挂着一件"交机"（即胡床），似乎是专为皇帝在场上休憩提供服务的。三是朱瞻基右手边和步道上的几位侍从，有的双手捧着球杖，有的双手捧球单膝跪地，随时准备听候差遣。从画面上看，这些侍从的角色与高尔夫球球童极为相似。

图2-6 明 宣宗行乐图（局部）
故宫博物院藏

四是画面远端，朱瞻基朝向的方位有一位身穿绿色服装、手中高举信旗的侍者，他似乎是通过旗语向皇帝传递某种信号。信旗的应用表明，当时的捶丸场地可能相当宽广，声音传递不如旗语准确迅速，因此采用了军事上常用的旗语进行交流。五是场外亭中及桌上摆放着众多捶丸球杖套件，这种套件式的球杖与高尔夫球球杆有着异曲同工之妙，是捶丸运动发展成熟的重要标志之一。皇帝拥有如此众多且各式各样的球杖，一方面反映出他对捶丸运动的极度喜爱，另一方面也证实《丸经》所言"宋徽宗、金章宗，皆爱捶丸，盛以锦囊，击以彩棒，碾玉缀顶，饰金缘边"并非虚言。权贵们这种对捶丸球杖奢华之风的追求，从宋金时期一直延续至明代。进而揭示出，捶丸球杖与球材的精美工艺和

巧妙设计，自上而下地影响着整个捶丸群体。宋至明代，大量各种精于装饰的陶瓷捶丸，正是这一风尚的直接产物。

2006年，香港文化博物馆举办了"中国古代消闲娱乐"专题展览，其中展出了一幅明代的《秋宴图》。画面生动描绘了明代文人士大夫在庭院中弈棋、捶丸、饮酒作乐的场景。[①]捶丸的画面位于整幅图的结尾部分，只见两名身着文人服饰的男子正在进行捶丸活动，击球者的身姿与动作与高尔夫球手的几乎一致。这一场景对于研究明代捶丸的打法、站姿、球杖及球场服务等方面具有重要价值。

① 宋若琳. 绘画记忆中的古代高尔夫球运动——捶丸. 东方收藏, 2019 (7): 94-99.

明代杜堇绘《仕女捶丸图》（图2-7），描绘了明代众仕女身着华丽绸缎、手持弯头球杖正在进行捶丸活动的场景。画面中有三位仕女手持球杖，聚精会神地注视着刚击打出去的小球，看其能否滚入球洞。丫鬟们怀抱备用球杖侍立在两侧，她们即是伴当。另有三名仕女作为观众，正在对球场上的情况进行交流。此图表明，当时的捶丸活动可以三人甚至多人同时参与。《仕女捶丸图》的重要价值在于，它首次以图像的形式展示了贵族成年女性参与捶丸

图2-7　明 仕女捶丸图
上海博物馆藏

的情形。值得一提的是，在唐代，女性的社会地位得到空前提升，女性体育也随之快速发展，女性开始大量参与击鞠、步打球等体育项目。而《仕女捶丸图》则进一步证明，直至明代，女性仍然是打球活动的重要参与者。

（三）普及区域扩大

在古代历史上，我国西南地区长期被视为荒蛮之地，远离政治中心，朝廷为管辖西南地区由羁縻制度衍生出土司制度。土司制度渊源

甚早，起源于秦汉，历经魏、晋、南北朝、隋、唐、宋时期的不断发展变化，至元代正式形成，而到了明代则臻于完善。当时，土司与中央朝廷保持"蛮夷来朝"的贡赋体制，各地土司定期"进京朝贡"。土司府的朝贡活动，使得边疆地区与封建朝廷之间始终保持着一种较为稳定的隶属关系。在赴京或返程途中，土司及使者有机会接触到许多新鲜事物，并对感兴趣的内容进行交流与学习。

史书记载，酉阳土司冉载朝因任职谢恩赴京朝贡时，恰逢"帝之击丸"（捶丸），他与各位大臣同列而坐，共同观看球赛，深感荣耀。据重庆市桃源镇酉阳土司城的讲解员杨玉施介绍：冉载朝离京返回后欣喜不已，遂将京城的捶丸运动引入土司府内，仿照其法在土司府飞来峰的草坪上筑起捶丸场，场地东西宽达数百步，在花木假山之间挖设捶丸洞窝，并邀请相邻土司等前来击球娱乐。这说明捶丸运动是通过土司进京献贡得以在西南边疆土司区流传。后来在冉载朝土司的倡导下，捶丸活动慢慢融入土家族土司的娱乐生活中，并在边疆贵族中盛行起来。[①] 捶丸融合了当地特色，以更具民族风情的姿态，丰富了西南地区民族体育的内涵，促进了西南地区文娱活动的蓬勃发展。

三、繁荣促因

（一）追新求精

明朝追新求精的社会风气对捶丸的繁荣发展起到了积极促进的作用。官宦、乡绅、文人阶层对优雅休闲和修身养性类的文娱项目有着广泛而新奇的需求。无论是服饰、饮食还是家居、园林，明代官宦和富商的要求和品位越来越雅致化、趣味化、个性化。游艺项目因其雅俗共赏，在明代世俗生活中也

备受青睐。其中，捶丸因其形式灵活多变且具有优雅养生的特点而备受众人推崇。《金瓶梅》中的西门庆附庸风雅，崇尚上层社会的文体喜好，计划建造捶丸场地以效仿上流社会的生活方式。小说中对西门庆的描绘集中反映了明代社会新兴贵族的心态和追求。从明版《丸经》和《闲居集》中记载的捶丸各式花样，到顾起经在跋言中所说的"聊与烂柯、壶格诸书并而传之，为吾侪艺游中添一雅具云"，以及周履靖的跋言"予壮游都邑间，好事者多尚捶丸"，可知捶丸作为一种文体项目，能够以灵活多变的形式适应不同社会阶层的文娱需求。

（二）商品经济

明朝的手工业与商品经济呈现出蓬勃发展的态势，生产规模显著扩大，分工日益精细。白银货币化的进程加速和商帮的逐渐形成极大地促进了城镇的发展。东南地区的商品经济展现出更为强劲的活力，运河沿线的城市如扬州、淮安、济宁等迅速崛起，北京、南京、临清等大型城市更是繁荣昌盛，城邑南北财货络绎不绝，绅士商民云集，数量近百万。这样的人口聚集催生了多样化的文化娱乐需求，进而对文体活动及其相关手工业的发展起到了重要的推动作用。捶丸活动正是盛行于这一经济与社会背景。它的发展需要发达的捶丸文体产品生产能力、繁荣的商品贸易活动作为支撑，同时还需要社会风尚的持续推动。元初的《丸经》对场地、器具、选材、奖筹等内容的总结与规定，已经揭示了文体商品生产、营销和文体消费之间的密切关系。而到了明代，得益于成熟的文

---

① 李莹，李雨衡. 元明清时期西南土司府衙中的贵族体育研究. 山东体育科技，2016(5): 17-23.

娱产业与商品经济的促进，这些关系得到了进一步深化。

"予壮游都邑间，好事者多尚捶丸"，这一现象反映了城市经济的繁荣使民众拥有了更多的经济能力和闲暇时光来参与捶丸活动。捶丸活动甚至成为社交的一种重要方式，年轻人以捶丸炫技为时尚。捶丸活动的盛行，必然带动对球、杖等器具的大量需求。明代陶瓷捶丸遗存的发现，正是捶丸风行及陶瓷手工业发展水平的有力证明。在明代，窑炉技术得到了很大改进，热量利用水平更高，陶瓷生产率和成品率大幅提高。手工业者的独立性得到进一步解放，工匠与窑主的自由生产水平有了很大提升，窑业生产形成了官民竞市的良好局面。景德镇凭借其卓越的技艺成为全国制瓷中心，不仅全面继承了以往的白瓷、青瓷烧制技术，还将彩瓷艺术推向了新的历史高度。其生产的陶瓷捶丸大量供应江南地区，为长江流域捶丸活动的广泛开展提供了有力支持。

（三）文化传承

捶丸自宋代形成并普及后，至元代进入兴盛时期，这一态势一直延续至明代。从宫廷皇帝到市井乡民，都有捶丸的拥趸。在传承的过程中，捶丸的规则制度、器具和场地要求日益完善。明代多版本《丸经》的流行，极大地促进了捶丸文化的传播。经过数百年的传承与发展，捶丸因其独特的魅力，在明代逐渐发展成为深受各阶层喜爱的球类运动。

明代捶丸的繁盛是宋辽金元时期长期文化积淀的结果，其间捶丸培养了广泛的群众基础，上至帝王，下至儿童，都能从中体会到乐趣。尽管朝代的更迭和统治阶级喜好的变换导致不少文体项目淡出历史舞台，但捶丸却以其包容性强的特点，不断吸收时代特色。它依靠日益精进的器材生产技术，凭借不断完善的文体理念与文化传播手段，广泛渗透并影响到明代的诗词、小说和绘画等诸多领域，留下了许多宝贵的文化遗产。

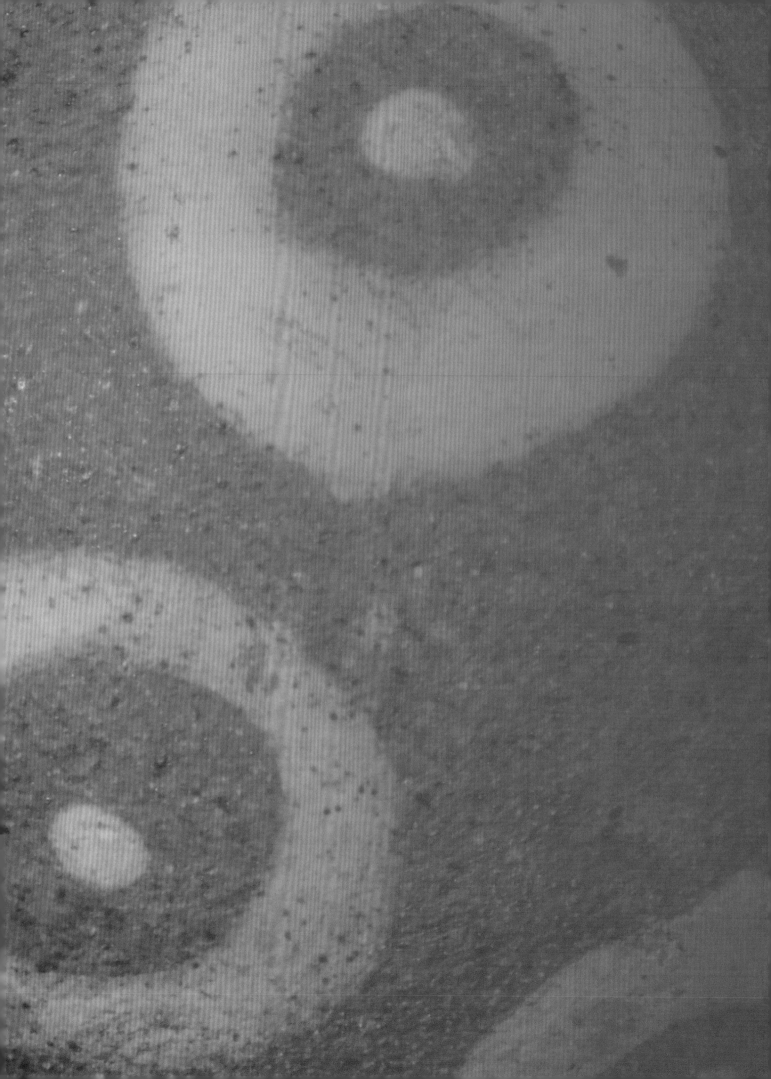

第三章

捶丸的国际传播

捶丸流行的宋元明时期，是世界经济、文化和科技发达的时代，中国与域外各国交流频繁。各地遣派的使者、商人和传教士络绎不绝地来到中国。其中，最著名的商人是来自威尼斯的马可·波罗和他的父亲及叔父，他们深得元朝皇帝的信任，被任命为外交使节。据记载，马可·波罗于1275年随父亲到达元上都。由马可·波罗口述、鲁斯蒂谦记录的《马可·波罗游记》是当时欧洲人最详细的亚洲旅行记录，为整个欧洲揭开了东方的神秘面纱，成为当时很多欧洲人了解中国的重要窗口。

当时，中国与国外的交往主要通过丝绸之路实现。陆上丝绸之路广为人知，海上丝绸之路也是中外交流的重要通道。2023年3月，温州朔门古港遗址入选"2022年度全国十大考古新发现"，被誉为"国内唯一、世界罕见"的古港遗址，是迄今海内外海上丝绸之路港口遗址最重要的一次考古发现。[①] 该遗址在世界航海史上具有突出价值，是海上丝绸之路申遗工程的经典样本和支撑性遗产点，有力证实了海上丝绸之路的存在。陆上和海上丝绸之路，如同架起我国与域外文化交流的桥梁，促进了文化的相互交融与发展。捶丸、蹴鞠等体育项目，很可能就是沿着陆上和海上丝绸之路的轨迹，传播到其他国家和地区，并在那里生根发芽，焕发出勃勃生机。

---

① 2022年度全国十大考古新发现揭晓. https://www.xinhuanet.com/culture/20230329/c651e2c1c72948b4897326b8355e09d2/c.html. 2023-03-29.

第一节

捶丸在亚洲的传播

一、朝鲜半岛传播

朝鲜半岛位于亚洲东北部，与中国一水之隔，历史上长期为中原王朝的藩属国，双方交往频繁。元世祖忽必烈对高丽王朝（918—1392年）采取了联姻等和平政策，多次将元朝公主嫁给高丽王世子，以此促进元朝与高丽在文化、政治和经济方面的交流。[①] 捶丸正是在这一交流过程中传入朝鲜半岛，此观点有《朴通事谚解》和《朝鲜王朝实录》等史料为证。

《朴通事谚解》[②]是朝鲜王朝编写的一部汉语教材，真实地描绘了元、明两代中国社会的各种文化和民俗。其中一章对元朝捶丸的竞赛规则、技战术方法、场地设施、计分规则和器材等做了非常详细的介绍。

关于捶丸比赛规则，《朴通事谚解》提到"击球之法，或数人或十余人分左右以较胜负"[③]，这和《丸经》中所讲的分组进行比赛是一致的。

关于捶丸比赛器具，《朴通事谚解》中有"将我那提揽皮袋来，拿出球棒来"[④]的记载，这与《丸经》中讲到球杆不用的时候需要放入提篮或革囊中存放是一致的。《朴通事谚解》提到"用有柄木杓接球，相连不绝，方言谓之球棒"[⑤]，这与《丸经》中讲到的球杖的材质和形状是相似的。值得注意的是，《朴通事谚解》提到"球用木为之，或用玛瑙，大如鸡卵"[⑥]，

而《丸经》中只讲到使用木材制作球丸。可见，捶丸球丸的制作后来并不局限于木材，玛瑙、陶瓷和墨玉等都可以成为制作捶丸球丸的合适材料[⑦]。

关于捶丸场地设置，《朴通事谚解》提到"掘地如碗，名窝儿"[⑧]，并且每个"窝儿"的设置都别出心裁，"或隔殿阁而作窝，或于阶上作窝，或于平地作窝"[⑨]。"阶上作窝"和"平地作窝"指球场布于一块不规则的、有起伏丘

---

① 崔乐泉，别鹏．中国古代捶丸对外传播研究．上海体育学院学报，2017 (2)：1-6.

② 该书是14世纪高丽王国为高丽人来华交流而专门编辑的一本汉语教科书或旅行手册，内容涉及元大都（今北京）的体育、民俗、杂技、手工业、商业、游玩、书籍和宴饮等诸多方面。该书由一位"朴"姓高丽外交官或翻译官编撰。"通事"即指翻译，"谚解"意为对当时中国流行的社会和生活现象做出注解。见：崔乐泉，别鹏．中国古代捶丸对外传播研究．上海体育学院学报，2017 (2)：1-6.

③ 崔世珍．老乞大谚解·朴通事谚解．台北：联经出版事业公司，1978：702.

④ 崔世珍．老乞大谚解·朴通事谚解．台北：联经出版事业公司，1978：700.

⑤ 崔世珍．老乞大谚解·朴通事谚解．台北：联经出版事业公司，1978：700.

⑥ 崔世珍．老乞大谚解·朴通事谚解．台北：联经出版事业公司，1978：702.

⑦ 张天琚．从出土捶丸谈古代四川的马球、步打球和捶丸运动．收藏界，2008 (7)：101-103.

⑧ 崔世珍．老乞大谚解·朴通事谚解．台北：联经出版事业公司，1978：702.

⑨ 崔世珍．老乞大谚解·朴通事谚解．台北：联经出版事业公司，1978：702.

陵也有平坦草坪的大场地上。元代的殿阁是相当高的，"或隔殿阁而作窝"表明当时捶丸的场地可能非常大，并且分为"花基窝"和"花房窝"。"花基窝"是"以砖砌基，其上栽花藏窝"，而"花房窝"即"先立球窝于花房之上，然后用棒打入，方言谓之花房窝"。①"花房窝"和"花基窝"表明捶丸场地是要有花草的。"花房窝"和"花基窝"在《丸经》中并未提到，这可能是在捶丸发展过程中逐渐增加的新内容。这些独树一帜的球窝设置增加了捶丸竞赛的难度和挑战性，同时也增强了捶丸的观赏性和趣味性。

《朴通事谚解》对捶丸的描述，还支持了捶丸和高尔夫球运动形式和规则的一致性。比如，"人将圆球打起老高，便落于窝内"，"击起球儿先落入窝者为胜"，"球行或腾起或斜起或轮转，各随窝所在之宜"，"或立而击，或跪而击，节目甚多"。②这些描述生动地展现了捶丸活动中，人们可以站立或跪地击球，使球飞高并划过弧线，越过障碍，最先使球落入球窝者获胜。这些打法和规则与现今的高尔夫球比赛基本相似。当时捶丸已具备侧旋球、内外旋球等击球技巧，击球姿势也比较丰富。③

《朴通事谚解》以介绍中国风俗文化为主，因此尚不能断言捶丸在高丽末期就已传入朝鲜半岛。但可以推测，元朝人喜爱捶丸的情况在当时已被部分高丽人所知晓。④不过，也有研究者认为，《朴通事谚解》对捶丸的竞赛形式、使用器材及比赛规则等的介绍已经较为全面，可见流行于中国的捶丸在高丽国已有了一定程度的普及。⑤无论如何不可否认的是，《朴通事谚解》对捶丸在朝鲜半岛的普及和推广起到推动作用。

另一本记载捶丸在朝鲜半岛传衍情况的书是《朝鲜王朝实录》，该书记录了李氏朝鲜时期（1392—1910年）历代国王的言行，其中有诸多朝鲜国王进行捶丸活动的详细描述，也有捶丸由中国传播到朝鲜半岛的记录。据《朝鲜王朝实录》卷一记载："打球之戏，其在残元，君臣失道荒淫之所为也。都兴、柳云、金师幸等，游事残元待见其事。适值太上王创世之初，进言曰：'人君处于宫，苟不运身，必生疾病，运身之利，莫如打球。'乃行其术，得蒙宠幸。"⑥这段记载是讲朝鲜王朝使臣柳云、都兴和金师幸等出使北元后目睹了捶丸活动，回国后向朝鲜太上王（太祖）进谏，君王在深宫之中若久不运动身体易生疾病，如果锻炼身体的话，捶丸强度适中，最为适宜。太上王采纳了他们的谏言，在宫中开始了捶丸活动。

《朝鲜王朝实录》卷二也对捶丸传入朝鲜半岛后的流行情况进行了描述："太上王与上，始打球于新宫内庭。以天气寒冱，不可出郊外，故为此戏，至明春乃止。其入侍打球者，孝宁大君补、益平府院君石根、敬宁君裶、恭宁君裀、义平君元生、顺平君群生、汉平君赵涓、都捻制李澄、李湛及光禄卿权永均也。击球之法，分曹较胜负。棒状如匙，大如掌，用水牛皮为之，以厚竹合而为柄。球大如鸡卵，用玛瑙或木为之。掘地如椀，名窝儿。或隔殿阁、或于阶上、或于平地作窝。击者或跪或立，以

① 崔世珍. 老乞大谚解·朴通事谚解. 台北：联经出版事业公司，1978：702.

② 崔世珍. 老乞大谚解·朴通事谚解. 台北：联经出版事业公司，1978：702.

③ 伊永文. 元代"捶丸"与今日高尔夫球. 中外文化交流，1993 (2)：12-13.

④ 蔡艺. 捶丸在朝鲜半岛的传衍：朝鲜王朝击棒考. 体育学刊，2015 (6)：116-121.

⑤ 崔乐泉，别鹏. 中国古代捶丸对外传播研究. 上海体育学院学报，2017 (2)：1-6.

⑥ 转引自崔乐泉，别鹏. 中国古代捶丸对外传播研究. 上海体育学院学报，2017 (2)：1-6.

棒击球，或腾越、或斜起、或轮转，各随窝所在之宜。球入窝则获筹，节目甚多……乙酉，朝新宫，伺打球，太上王胜，谓兵曹曰：'凡负者无奈设宴乎。'赵末生曰：'先负者设小宴，后负者设大宴。'"①

该文献记载的是世宗和太上王（太宗）进行捶丸活动的历史故事，考虑到天气原因，此次本欲在郊外进行的捶丸活动临时改在新宫（旧宫位于开城，新宫建于汉阳，即现在的首尔）内庭进行。《朝鲜王朝实录》中提供的信息表明，捶丸活动主要集中在冬春之际比较寒冷的季节进行。捶丸比赛的方式为分队竞赛，最终以负者出资设宴作为惩罚。②对捶丸用棒、用球及场地设置的描述，与前文提及的《朴通事谚解》的记载一致。

从《朴通事谚解》和《朝鲜王朝实录》的记载可知，中国的捶丸可能通过朝鲜王朝的外交人员传播到了朝鲜半岛，并且由于得到了朝鲜王朝最高统治者的喜爱而流行起来。根据史料记载，公元10世纪初到15世纪后期，是捶丸在朝鲜半岛发展的兴盛期。这期间，参与捶丸的人数越来越多，规模也不断扩大，影响也越来越广，以至于捶丸成为当时极受朝鲜宫廷欢迎的休闲娱乐活动。据统计，除用于习武的弓射和马球外，捶丸是朝鲜王朝时期记述频次最高的体育活动。③

二、日本传播

高尔夫运动在日本非常流行。日本平均每12人里就有1人打高尔夫球，堪称"高尔夫球王国"，甚至有人把高尔夫球称为日本国球。④为何日本人如此钟爱高尔夫运动？日本与高尔夫的渊源究竟何在？经过探究发现，日本与有着高尔夫运动鼻祖之称的捶丸的缘分，要远远早于现代高尔夫传入亚洲的时间。现代高尔夫运动20世纪初才传入亚洲，1903年英

国人在日本千兵库县的神户六甲山建立了日本第一个现代高尔夫球场，1914年日本成立了首个高尔夫球俱乐部。然而，日本与捶丸的渊源或可追溯到1000年前。

唐朝时期是中日各领域交往最频繁的时期，当时流行于中国的很多体育活动也因此传播到日本。步打球也在这个时期传播到日本，并流行了起来。考古资料支持了这一点。在日本奈良东大寺佛殿西北正仓院北仓中，收藏有众多隋唐时期传入日本的实物，其中有2条描述唐代步打球运动形象的花毡。这2条花毡各自长2.36m、宽1.24m，毡面以灿烂花朵做背景，上立有一正在作击球状的童子。童子形象为左手执弯月形球杖，弓身屈腿作击球状。在童子的左下方置有一球。花毡图案形象地反映了唐代童子进行捶丸活动的场景（图3-1）。在日本奈良国立文化财研究所，还保留着一幅发现于高松冢古坟的日本飞鸟时代（593—710年）的《仕女捶丸图》壁画。画面中绘有4位仕女，右起第2人手执杓形球杖，其余3人陪同，表现的是仕女欲参加步打球活动时备打的情形（图3-2）。⑤

宋朝与日本商业来往频繁，历史记载日本僧人经常搭乘中国商船来学习交流。在我国东南沿海地区考古发现的大量15—18世纪随中日贸易传入我国的日本铜镜，其中就有一种饰有捶丸活动场景的日本铜镜。作为生

① 转引自崔乐泉，别鹏. 中国古代捶丸对外传播研究. 上海体育学院学报，2017 (2): 1-6，有改动.
② 崔乐泉，别鹏. 中国古代捶丸对外传播研究. 上海体育学院学报，2017 (2): 1-6.
③ 崔乐泉，别鹏. 中国古代捶丸对外传播研究. 上海体育学院学报，2017 (2): 1-6.
④ 谭受清，熊定勋. 高尔夫导论. 长沙：国防科技大学出版社，2005: 12.
⑤ 崔乐泉，别鹏. 中国古代捶丸对外传播研究. 上海体育学院学报，2017 (2): 1-6.

图 3-1　童子捶丸图　花毡
日本奈良正仓院藏[1]

图 3-2　仕女捶丸图　壁画
日本高松冢古坟出土[1]

图 3-3　捶丸图　日本铜镜[1]

活用品的铜镜之上饰有捶丸活动场景，可见日本国内捶丸活动的流行盛况。根据张夫也《日本美术·金属工艺》记述，这些铜镜铸造的时期是日本织田信长统治期间，大致相当于我国的明末至清初。当时许多具有抗清意识的中国士大夫和知识分子东渡日本，带去了中国文化与科学技术，捶丸很可能就是这一时期由这些反清人士传入日本的。因此，这种铸造于 16 世纪末至 17 世纪初的捶丸图纹日本铜镜（图 3-3）可能是中国捶丸运动东渐日本的历史见证。[1]

通过上述文物，可以推测在现代高尔夫传入日本很久之前，捶丸已经由中国传入日本，并在日本社会上流行了起来。

① 薛寒秋，薛翘. 中国古代高尔夫球的东传与捶丸图纹日本铜镜的发现. 南方文物，2010 (3): 107-109.

第二节

捶丸向欧洲的传播

一、陆上丝路

  元代对外文化与商贸交流展现出新风貌，为元朝的历史增添了浓墨重彩的一笔。丝绸之路的主要功能是促进贸易与文化交流。元朝统治疆域辽阔，军事和经济实力均极为强大，以游牧为主的蒙古人充分利用丝绸之路，将对外贸易推向了新的高度。元代丝绸之路驿道网四通八达，元朝政府不仅保留了前朝的古老驿道和驿站，还在丝绸之路沿线上新建了许多驿站，为往来的商人和使者提供便利服务。为保护驿道安全，元朝还专门制定了驿道保护法律，确保驿道畅通无阻，保障商贸交往顺利进行。这一系列措施极大地促进了元代与其他国家，甚至包括西欧国家的商贸往来和文化交流。

  在这一背景下，出生于元大都（今北京）的畏兀儿人列班·扫马——中西交通史上的传奇人物，被誉为"逆向的马可·波罗"，于1275年左右从元大都出发，踏上了西行的征程，沿着丝绸之路行进了约11200公里，历经千辛万苦，最终抵达欧洲。扫马的欧洲之行，不仅建立了中国与罗马教廷及英法等国的联系，还向欧洲传递了交好的意愿，架起了欧亚外交的桥梁，开启了真正意义上的中西交流。[①] 随后，西欧也多次派使者来访元朝，这些使者去往元朝各地，交往之广泛难以想象。这些频繁的交往不仅促进了物质的互通有无，更将当时中国的许多先进文化带入了欧洲，比

如四大发明，当时处于发展鼎盛时期的捶丸也有可能通过这条繁荣的丝绸之路传播到了欧洲各国。

二、海上丝路

  降至南宋，国土北方战乱频仍，陆路交通受阻，朝廷遂转而鼓励海上通路的发展与贸易。这一政策转变，使得海上交往活动迎来了一个前所未有的繁盛时期。宋代的航海技术与造船技艺取得了显著进步，指南针在航海中的广泛应用更是极大地增强了商船的远航能力。及至元朝，海上丝绸之路的交往活动愈发频繁，我国古代海外贸易进入鼎盛时期。海上丝路的重要性逐渐超越陆上丝路，成为连接东西方的主要桥梁。元朝的海船远航至波斯湾及红海海岸，非洲和欧洲的使者与旅行者也常借由这条海上通道往返于东西方之间，海外交流与贸易达到了历史巅峰，为明朝郑和下西洋的壮举奠定了坚实的基础。

  在长期的海外贸易交流中，东西方间的物质文明互相传播极为繁盛。我国的漆器、丝绸、瓷器及其他日常用品流传到了世界上的广大地区，深深影响了当地人的生活方式。波斯史学者多次指出，当时来自中国的货物中，瓷器和

---

① 印晓红. "中国的马可·波罗"：列班·扫马. 中国社会科学报 (6), 2024-04-03.

丝绸是最受欢迎的商品。海外使者更是络绎而来，仅忽必烈统治时期，就有 40 多个国家和地区前来朝贡多达 110 次。海上丝路的繁荣发展促进了国家财政的增收及人民物质文化生活水平的提升，更推动了沿线国家和地区的经济发展、科技进步与文化交流。捶丸及其器具可能通过海上丝路上的文化交流传播到了其他国家，甚至是欧洲大陆。

2022 年 9 月，温州朔门古港遗址的宋代沉船中发现了直径 2.5cm 的陶瓷捶丸。[①] 无独有偶，海南省在多个地方出水了很多瓷质捶丸球，且种类繁多，大小不一。三沙出水的捶丸颜色分为红、绿、青紫三种。小的直径约为 2.8—3.0cm。略大的捶丸直径可以达到 5.5—7.5cm，泛青灰色，红绿较少。海口美舍河河道出土的捶丸多为型号较大的，其直径均可达到 5.5—7.5cm，灰色居多，品相完好。[②] 这些发现进一步佐证海上丝路很可能是捶丸活动对外传播的重要路径之一。

三、元军西征[③]

崔乐泉等提出，元军的多次西征极有可能是捶丸传入欧洲的重要途径之一。蒙古大军的武力扩张极大地扩展了元朝的版图，同时扫清了丝绸之路上原有的种种障碍，使得元朝与欧洲各国之间的交往变得更加顺畅无阻。随着闭塞的欧亚通路被打开，不仅大量的蒙古官兵踏足欧洲，还有许多欧洲的使者前往中国，促进了东西方文化的广泛交流。当时，最著名的当属意大利人马可·波罗，他于 1295 年返回意大利后留下了闻名于世的回忆性游记《马可·波罗游记》。这本书后来在欧洲被广为传播，使欧洲人对元朝有了更全面的了解和认识。因此，捶丸运动被相关人员携带至欧洲诸国是存在极大可能性的。

值得注意的是，这一时期，被誉为中国古代四大发明中的印刷术和火药已经传入波斯、阿拉伯和欧洲等地区。鉴于捶丸在元朝的盛行程度，精通捶丸的元军士兵完全有可能将这一运动带入被征服的欧洲诸国，或者旅行家马可·波罗在其见闻中将捶丸这一当时社会盛行的体育娱乐休闲运动介绍到欧洲。无论是哪种情况，都为捶丸传入欧洲提供了合理的历史背景和路径。

① 海丝之路上的温州"基因谱". http://www.zj.xinhuanet.com/20241130/b138ac3219124cc2bc9a5894706bd272/c.html. 2024-11-30.

② 陈辉养. 海南出水的捶丸引发的思考. 科技展望, 2015, 25(3): 262.

③ 崔乐泉, 别鹏. 中国古代捶丸对外传播研究. 上海体育学院学报, 2017(2): 1-6.

高尔夫球起源

捶丸与高尔夫球是高度相似的运动项目，以至于国际奥委会前主席萨马兰奇曾经在看到山西省洪洞县广胜寺水神庙中的元代壁画《捶丸图》后大吃一惊说："原来中国人在元代就开始打高尔夫球了！"[1] 虽然国内外很多学者倾向于两者之间存在某种密切的联系，但时至今日，关于高尔夫起源的争议仍然未有定论。英国人始终认为高尔夫球起源于苏格兰，而我国的学者则更倾向于认为它起源于我国古代的捶丸，将捶丸称为"中国古代的高尔夫"或"高尔夫运动的鼻祖"。面对这些争议，我们有必要梳理并总结一下捶丸与高尔夫球的关系，以加深对它们的认识。

一、高尔夫起源争议

当前，高尔夫运动风靡全球，被誉为贵族运动和绅士运动的代表，特别受西方发达国家名流权贵的喜爱和追捧。然而，关于高尔夫运动的起源，一直以来众说纷纭，直至今日仍然存在很大争议。

根据现有史料难以确切推断高尔夫运动的具体起源时间和地点。已有资料表明，与高尔夫球起源产生联系的国家和地区众多，包括中国、古罗马、丹麦、苏格兰、爱尔兰、比利时、德国、荷兰、葡萄牙、英格兰、法国和美国等。目前，研究者大多倾向于认同荷兰、苏格兰和中国三种起源说。[2]

一是荷兰起源说。荷兰史学家史蒂文·范汉戈认为，早在公元1297年前后，"冰上击球"就已在荷兰乡村流行，称作 klonen 或 kolf。他还提到了16世纪初荷兰艺术家温德尼尔创作的一幅油画，名字叫《冬季里打高尔夫球的人们》，认为其展示了类似高尔夫的活动。对他的考证，学界存在争议。有人认同，也有人认为历史根据不足。[3]

二是苏格兰起源说。这种说法认为，高尔夫起源于古苏格兰牧羊人的闲暇游戏。他们无聊时用牧羊鞭击打小石子，试图将其击入草地上的兔洞。这一游戏逐渐演变，最终发展成了高尔夫。关于高尔夫在苏格兰的最早史料记载，可追溯到1457年3月。当时苏格兰国王詹姆斯二世签发法令禁止高尔夫，因为当时苏格兰与英格兰正处于战争状态，年轻人过于热衷高尔夫而忽视了军事技能训练。但和平后，高尔夫再次兴起，并逐渐受到贵族的喜爱和推动，从而蓬勃发展。[4] 然而，苏格兰起源说也受到质疑，因为牧羊人的传说难以成为确凿的历史，且中世纪的"绅士文化"可能会对牧羊人的游戏方式产生排斥。

---

[1] 元代可能就有打高尔夫球了. http://politics.people.com.cn/n/2015/0813/c70731-27455159.html. 2015-08-13.

[2] 王昆仑. 高尔夫球起源考辨. 武汉体育学院学报, 2009 (12): 68-70.

[3] 王昆仑. 高尔夫球起源考辨. 武汉体育学院学报, 2009 (12): 68-70.

[4] 王海. 捶丸及高尔夫演变发展轨迹原因之分析. 体育科技文献通报, 2014, 22 (1): 1-2.

三是中国起源说。中国起源说拥有较为翔实的文物和文字等史料证据支持，故许多国内的体育史学者都倾向认为高尔夫球起源于中国。例如，郝更生认为捶丸"类似"西方的高尔夫球，两者"差异很小"，是"中国的高尔夫球"[1]；凌洪龄认为两者在内容上有"广泛的一致性"，有"紧密血缘的关系"[2]；刘秉果、张生平认为捶丸是"中国古代的高尔夫球"[3]；崔乐泉认为捶丸是现代高尔夫球的鼻祖[4]。要深入分析高尔夫到底是不是起源于捶丸，需要先将两者进行对比分析，以更清楚地了解两者之间的关系。

二、捶丸与高尔夫的渊源

根据《分门古今类事·孟入之言》记载，后蜀的开国皇帝孟知祥在925年初镇成都之时，便见到成都有人进行捶丸活动。而英国有关高尔夫的最早记录则出现在1457年，即苏格兰国王詹姆斯二世签发的禁止高尔夫球活动的法令。从最早的文字记载时间上看，捶丸出现要比高尔夫球早500多年。另外，捶丸活动的完备规则编写在元至元十九年（1282年）完成的《丸经》中，而文献记载西方最早的高尔夫球13条规则是1744年由苏格兰爱丁堡高尔夫球友协会制定的。因而从比赛规则成文出现的时间来看，捶丸要早于高尔夫球460余年。由此可见，无论是从与运动相关的最早的文字记载时间还是从比赛规则成文的时间来看，捶丸都要比高尔夫早数百年之久。

从两者的场地器具、运动特征和比赛规则等方面来看，捶丸与高尔夫存在着诸多相似之处，具体整理如下。

（一）场地、设备和器具的相似性

从捶丸与高尔夫所用设备、器具和场地来看，两者相似度非常高。例如，都使用球杖和球，都需要设置球窝（捶丸称"窝"，高尔夫称"洞"），都有用以作为瞄准目标的标志旗。比赛场地方面，两者都有人工设置或天然的障碍，如高尔夫球场的浅沟、丛树、小径和大路等，捶丸场地有平、凸、凹、妨、仰、峻、里、外等地形变化。

（二）术语的相近性

值得提及的是，现代高尔夫的棒式所用术语，在许多方面与捶丸的两两契合，如 brassie 与扑棒、driver 与撺棒、spoon 与杓棒等，正如一树开出的并蒂之花。[5]

（三）运动特征的相似性

结合考古资料分析，捶丸和高尔夫具有相似的运动特征。首先，两者都需要球洞；其次，两者均需使用球杖（球杆）击球，且球杖形状基本相似，捶丸主要使用木球杆，高尔夫早期也是木制球杆；最后，两者对球的要求也相似，捶丸的球需适应球杖，轻重要合宜，高尔夫的球则有明确的尺寸和重量规定，但也需与球杆相适宜。

（四）运动规则的比较

在比赛规则上，捶丸有详尽的21条规则（《丸经》），而高尔夫早期也有13条基本规则，

① Hoh Gunsun. Physical Education in China. Shanghai：The Commercial Press, 1926: 28.
② 凌洪龄. 捶丸和高尔夫的对比与它们之间的关系. 西北师范学院学报（自然科学版），1986(4): 75-81, 51.
③ 刘秉果，张生平. 捶丸：中国古代的高尔夫球. 上海：上海古籍出版社，2005.
④ 崔乐泉. 现代高尔夫鼻祖捶丸. 中国体育，2003(2): 116-117.
⑤ 凌洪龄. 高尔夫球戏起源于中国古代捶丸的考证. 西北师范大学学报（自然科学版），1991(1): 66-72.

两者内容在大体上是相同的，只是详略程度有所不同。

（五）组织方式的相似性

从比赛的组织方式来看，两者同样具有很大相似性。捶丸有单对、三人、小会、中会和大会等，而高尔夫分为单打和团体赛。名称虽不同，但基本内容是一致的。

（六）计分方式上的比较

捶丸和高尔夫都是按照击球杆数越少越好作为计算标准。在捶丸计分中，1 筹相当于比赛中的 1 分。首个打球进窝的人将得到 3 筹，第二个打球进窝的人获得 2 筹，而第三个打球进窝的人仅得 1 筹。早期高尔夫比赛是在确定好开球顺序后由击球队员依次进行每轮击球，最终以击球完成后杆数最少的人为赢者。在最终成绩的计算上，捶丸以取得总积分最高者（也就是每洞得分之和）获胜，高尔夫则按总杆数最少和赢得总洞数最多者获胜。

（七）竞技礼仪的比较

捶丸和早期高尔夫均与各自所处地域环境和传统文化习俗密切相关，都带有浓厚的礼仪色彩。例如，两者均没有设置裁判的要求，靠球手们的自律和自我约束进行竞技，对球手的品德提出了严格要求。捶丸规定，击球者参加比赛须抱诚实谦恭的态度，不能藐视或羞辱别的比赛人员；早期高尔夫运动同样要求球员要诚实、正直和礼貌，并保持胜不骄、败不馁的态度。在击球比赛中，二者均要求击球者不仅对己方的球不能作弊，同时也不能妨碍他人击球。在决定开球顺序时，两者都遵循让距离远者先开球的原则，也显示了这类运动形式的礼让精神。由此可见，捶丸和早期高尔夫所体现的体育道德精神是一致的。

综上，捶丸与高尔夫在诸多方面均展现出高度的相似性，这使人难以完全相信两者仅仅是巧合地起源于不同地域，并作为两项独立的项目各自发展。国内众多相关研究者倾向于认为，这两项运动之间应存在着某种密切的关联。中世纪及之后，欧洲大陆上曾出现过一系列棒击球运动，而高尔夫只是其中的一种。从第二节对蒙古大军远征欧洲，列班·扫马、马可·波罗等中西方旅行家将中华文化传播至西方的分析可以推断，中国古代文化通过这些途径传入欧洲是客观存在的事实。蒙古军队的西征，逐渐打通了以往闭塞的中国与欧洲之间的通道，史书中常见皇命使者东西往来的记载。除了文化使者，还有众多商贾及随军人员络绎不绝。元代东西方文化交流规模宏大，而且东学西渐为主要趋势。在这种大潮的推动下，捶丸传入西方似乎"水到渠成"。或者至少可以说，中国古代捶丸在随着文化交流向西传播的过程中，对当地已经存在的各种类似棒击球的活动产生了不同程度的影响。因此，我们有理由推测，现今风靡全球的高尔夫球，在其早期的发展、演化过程中，与中国古代的捶丸有着千丝万缕的联系，其运动形式和规则制定很可能受到过捶丸的重要影响。当现代高尔夫于光绪十六年（1890 年）来到中国，它并不完全陌生，更像是捶丸的"后裔"，是远道归来的游子[①]。

---

① 凌洪龄 . 高尔夫球戏起源于中国古代捶丸的考证 . 西北师范大学学报（自然科学版），1991 (1): 66-72.

第四章
捶丸运动的要求和规则

捶丸是我国古代体育文化发展兴盛的典范，其流行时期从唐末延续至明末，长达700年之久，是一项古老的球类运动。然而，鲜有现代人了解捶丸的比赛规则和方法。尽管在元代就已出现了专门介绍捶丸比赛规则和方法的专著《丸经》，但该书所用文言文晦涩难懂。因此，为了让更多人深入了解捶丸及其规则，对捶丸的比赛规则、方法、战术策略、场地选择、器具选用等进行详细解读显得尤为必要。

第一节

场地

现代高尔夫标准球场设有 18 个球洞，这些洞之间会修建首尾相连的球道，长约 100—500 米。整个高尔夫球场可以划分为 18 个独立区域，每个区域设有铺有草皮的球道和果岭。此外，还会设置树林、长草区、沟坎、沙坑区、水障碍、小径等，以增加击球难度。一个标准现代高尔夫球场往往需要一千多亩地的面积，建设费用颇高。古代捶丸的场地远不如现代高尔夫对球场的要求那么规范。捶丸者只需找一块郊野土地或在自家庭院，选择几处位置挖几个球窝，在窝边插上标志旗，便可建成一个临时的捶丸球场。

具体而言，捶丸比赛的场地可以选择在郊外自然地带，如山西省洪洞县广胜寺水神庙中的元代壁画《捶丸图》中所绘的捶丸场地就在郊外山谷中。这类场地自然环境优美，场地面积宽广。有时候，捶丸场地也可以设置在高门大户人家的庭院之中，如《宣宗行乐图》《秋宴图》《仕女捶丸图》中所绘，场地均位于庭院之内，这类场地一般较为平坦。球场面积也较为灵活，"远无百步之遥……**近必盈丈之外**"（100）①。大的纵深最好不要超过百步（约 1600m），小的不能少于一丈（约 3.168m）距离。虽然捶丸球场设置要求不高，不过为了增加比赛的挑战性，捶丸

场地也会有意选择一些带有凹、凸、平、峻、妨等地势，能够增加击球难度的区域。在郊外自然场地上，一般会选择有树木和土坡等天然障碍的场地；而在庭院球场，则会在球场上种一些树或者堆个小土坡，以增加比赛的挑战性和观赏性。

有了比赛场地，还需要在捶丸场地上挖几个球窝，在球窝旁插上标志旗，这样就可以进行捶丸比赛了。古人对捶丸球窝的数量并没有精准的规定，3 个、5 个或 8 个球窝都可以，有时候球窝数量会达到 10 个。例如，《宣宗行乐图》中明宣宗进行捶丸的场地上就设置了约 10 个球窝。

由此可见，古代捶丸场地并不需要非常标准的专用球场，有时仅需一片空旷之地就可以临时建成一个捶丸场地，这比花费巨大的现代高尔夫球场要简单易行得多。现代高尔夫球已经变成了普通老百姓难以问津的贵族运动，而捶丸由于场地建设成本相对较低，因此让更多的普通人有机会参与其中。

---

① 本章引文都出自《捶丸：中国古代的高尔夫球》（刘秉果、张生平编著，上海古籍出版社 2005 年）。引文后括注的数字为引文所在页码。引文中的宋体字表示《丸经》原文，楷体字表示周履靖的增注。

规则

没有规矩不成方圆，比赛规则是各个体育项目得以顺利开展和推广的重要基石。更重要的是，体育比赛规则通常蕴含着顺应社会文明化进程要求的价值标准，发挥着寓教于乐的教育作用。《丸经》一书详细阐述了捶丸比赛的 21 条规则，这对古代捶丸的普及和推广起到了至关重要的作用，下面择其要而述。

一、赛制

《丸经·衍数章》对捶丸比赛的赛制进行了详细的表述："十数、九数为大会，八数、七数为中会，六数、五数为小会。四数、三数为一朋。二人为单对。十数、八数、六数可分，不分从之。九数、七数、五数、四数、三数皆不分。双数可分，单数不可分，四数虽双数，少亦不可分也。"（81）据此描述，捶丸比赛根据参与人数可分为大比赛、中比赛和小比赛：10 人或 9 人参加的是大比赛，8 人或 7 人参加的是中比赛，6 人或 5 人参加的是小比赛。捶丸比赛的赛制还可以分为个人赛和团体赛。团体赛要求 3 人以上才能组成一队参赛，且参赛总人数若为双数，则可分为两队进行比赛；若为单数，则不可分，此时只能进行个人赛。特别地，即便总人数为 4 人（虽为双数），但由于人数较少，也不进行分队，只能进行个人赛。3 人、4 人均可组成一队，2 人只能互相单挑。

二、开球

在比赛开始前，球员们需先确定各自的开球区域。捶丸要求在相对固定的区域开球，这个区域被称为"基"，类似于高尔夫球场上的发球台。据《丸经·定基章》记载："基，纵不盈尺，横亦不盈尺。"（61）"基"是长和宽都不能超过一尺的矩形区域。而现代高尔夫球的发球台长度通常在一高尔夫球杆击打范围之内，相较之下，比捶丸的"基"要大一些。由此可见，捶丸和高尔夫球都有设定的发球区域，只是两者的大小有所不同。在确定好"基"的位置后，需用一尺见方的框来标示出这个区域。

古代捶丸对开球顺序规定得较为详细。《丸经·置序章》记载："远者先，近者后；左者先，右者后……所以置先后之序也。"（71）比赛开始时，球员们先往"基"下掷球丸，球丸在"基"上落下滚动停稳后，根据球离球窝的远近来决定开球顺序。离球窝最远的球手先开球，离球窝最近的球手最后一个开球。如果两人抛出的球丸停稳后距球窝的距离相同，则球丸位于左侧的球手先开球。这一规定体现了古代捶丸规则中的礼让精神。当击球顺序排定后，球手们即可开始开球。如果球手已将球抛在"基"内，在轮到他开球前，他不能在"基"内进行挥杆。如果谁的球被其他球手不小心碰到而移动了位置，那么使球移动的人必须将球放回其原来所在位置。如果有人故意移动别人的球，他将被罚两轮不能击球，直到第三轮才能击球。

三、决胜

捶丸和现代高尔夫在决胜规则方面有着诸多相似之处。两者都是以杆数作为判定胜负的依据。现代高尔夫比赛主要分为比洞赛和比杆赛两种，其中比杆赛更为常见。比杆赛是将球员打进每一洞所需的杆数累计起来，待打完所有球洞后，将总杆数相加，以杆数多少来判定胜负。而比洞赛虽然同样以杆数为基础，但其判定方式有所不同。比洞赛是以每洞进球所用的杆数直接判定该洞的胜负，待打完所有球洞后，以累积获胜的洞数来判定最终胜负。

至于捶丸的胜负规则，《丸经·衍数章》中有描述："分者，相朋也；朋者，班也。不分者，各逞其能也。相朋者，一朋胜多为赢，倘五人为一班，于一班中多胜一人者是赢，相等曰平。各逞者，他不胜而我胜为赢。初棒赢二棒，二棒赢三棒，三棒赢四棒是也。"（81）也就是说，在团体赛中，所有参赛者会被分成两队进行对决，分队后，一队球手便形成了共同利益。两队比赛时，获胜洞数多的一队为赢，成绩相等时则为平局。例如，若5人一队，则3人胜出便算获胜；若4人一队，3人胜出为胜，2人胜出、2人失败则为平局。若不进行分队，则为个人赛，输赢全靠各人施展才能，谁先进球谁获胜，如头棒进窝赢二棒，二棒进窝赢三棒，三棒进窝赢四棒，以此类推。

四、制财

关于捶丸比赛奖金的来源，《丸经·制财章》是如此记载的："富不出微财，富厚者不吝赛。贫不出重货。贫薄者不倍偿。富出微财则耻，贫出重货则竭。量力而为之可也。"（79）捶丸比赛的奖金一般是由参赛者自筹，所有参赛的人都要拿出一定的钱财作为比赛的奖金。每个人所出钱财可多可少，但一般富者出的钱财应多一些，不应吝啬；贫者拿出的钱财不应很多。如果富者拿出的钱财比别人少，是一种耻辱；贫者拿出的钱财比别人多，就会因此更加穷困。这些都是不提倡的。

《丸经·制财章》还对捶丸者所具备的高超技巧与比赛中赢取奖金的辩证关系作了分析："智者有方财不绝，捶击有法，故得常胜，所以财不尽也。愚者无方将恐竭。捶击无法，所以常负，财不足用也。不绝者必胜之基，财不绝则心安，故胜。"（79）智者掌握了捶丸技巧和比赛方法，因此经常获胜并赢取奖金；而愚笨者未能掌握，所以常常失败，无法赢取奖金。由此可见，熟练掌握捶丸技巧，就会更容易在比赛中赢取奖金，同时也会在比赛中心理更加稳定，不惧失败，敢于挑战，这也是获胜的基础。

五、违规

（一）球座

球座是用于发球的底座，现代高尔夫多采用木制和塑料制底座，而古代捶丸则多采用沙子堆积而成的小沙堆。《丸经·崇古章》记述："放土安基，随坞起垒……土尖垒起，样子有添无减，捶者若将棒于顶上按实，即算输一筹。"（49）需要在"基"中堆起锥形沙土堆，大小相差不大，捶丸球丸应置于自然松软的土堆尖顶上，不能将其按实。

（二）换球

一旦开球打出后就不能换球，遵循"一球制"原则。开球后，球的位置不可随意变动。不过，当球丢失在隐蔽处难以寻回时，可允许另换一球，但此时需进行罚杆。《丸经·宁志章》载："赧莫赧于易……耻莫耻于复……既易既复，同朋尽败。"（109）其中，"易"指更换球或球的位置，"复"指连续击球。该记述表明，在捶丸比赛中，若发现更换球、球的位置或连续击球，可直接判定该球员为负，如果是团体赛还要判定所在球队为负。另外，《丸经·决胜章》中也列举了拿死球、换死球、换棒和失棒等18种因犯规而失败的情形，即所谓"众为已败之形"（87）。

（三）移动障碍物

不可为自己击球方便而移动球周围的任何石块、植被或土堆。高尔夫球早期规则规定，在果岭上允许清除距球一杆范围内的障碍物，但一杆之外的障碍物是不可移动的。《丸经·定基章》记载："瓦砾则除之。若有瓦砾草木等物，除毕然后画基。"（61）这里讲的是捶丸在定基的时候，可以清除球基周围的障碍物，障碍物除去后再开始画球基。但在其他区域遇到障碍物时是不可移动的，正如《丸经·记止章》所说的"及有妨阻……无复动移"（76）。

（四）两球接触

捶丸比赛时对两球间的接触有着严格的规定。当两球相近时，皆不可动，"凡动于我……彼乃为败"（76）。即凡是击打时撞到了对方的球，就可直接判定为负，而对手不受任何影响，可以将被撞的球按照原先画出的标记位置进行复位。《丸经·崇古章》载"先登者生之徒，后撞者死之计"（49）。

当击打球入窝时，即使不是故意撞击了别人的球，也同样算输一筹。为防止球可能发生移动，捶丸比赛时需要在每次停球的位置做上标记，"丸至之所……当以杖画，记其止也"（76），同时还规定"因人上画。球儿被人踢动，只教本人上画，若是自家上画，死了球儿"（50），"凡动于我，或球撞，或衣动，或足动，或手动，或棒动，或他物动球也。令安画首，令彼动我球者，代我安于初所画之前头"（76）。由上述资料可见，捶丸比赛时如果发生两只球接触，以及对方的球阻碍了自己球的前进路线，此时既不能将挡路的球拿起，也不可以用自己的球撞击他人的球，只能绕过对方的球。这与高尔夫球早期比赛规则中的第6条内容是一致的。

（五）错击球

在击球入球窝之时，不允许击打对手的球，"错击他人球者算输"（102）。也就是说，"错丸弃之"（102），打别人的球算错。

（六）球受阻

《丸经》还规定，在球丸至球窝的路径上，不允许故意设置障碍，阻碍对别人有利的事儿，即"阻利勿许"（102）；比赛者的同伴或随从不允许在球道上制造障碍影响对手击球，否则判其主人输一筹，即"逾坨越纵，从累其主"（49）；如果将球丸击打到了对手身上，且责任在对手，则对手应接受处罚，击球者可选择重新击打或者就地停球，即"中身为败，复从我击"（76）。附加的罚则也很严厉，在别人击球时施加不良影响，将被驱逐出比赛场地，即"为妨出之，或前、或后、或左、或右，影他人使棒，如此者出之"（102）。

（七）球童

每个球手可以带多名球童（即伴当）上场。伴当可以在场上自由行走。如果某个球手的球击中了别的球手的伴当，这个击球的球手可以重新击球。但是，如果球手的球击中了自己的伴当，就没有重新击球的机会。比赛中严禁人为移动在地上停稳的球。比如，有的球手可能会悄悄地将自己的球挪一下位置，目的是将球从不好击打的位置移到相对容易击打的地方。又如，有的球手的伴当可能会将别的球手的球从一个相对容易击打的位置移动到一个击打难度很大的地方。这些行为都是严禁的，一旦被发现会立刻受到严厉的惩罚。

球杖

捶丸离不开得心应手的球杖。捶丸的球杖与唐代击鞠的球杖在材质和形式方面均有着重要关联。捶丸作为击鞠和步打球演化的产物，是在对抗性减弱、文娱性增强的背景下，为适应更广泛人群和更加经济实用的需求而产生的。球杖类型的不断丰富，既反映了捶丸运动的普及发展和地域特色，也体现了捶丸规则的细化和个性化。特别是，捶丸者可根据不同打法选用不同类型的球杖。因此，捶丸球杖是深入了解捶丸运动文化精髓和科学原理的关键器具。

一、球杖材质和制作

中国古代捶丸球杖的材质和制作工艺极为认真考究，因此，球杖的选料及制作也成为《丸经》记述的重要内容之一。《丸经·取材章》从选材的角度，对木、竹、牛胶等材料的选取提出了具体方法："取材之方，不可不察。夫欲造棒，采取材料，不可不知其法。秋冬取木，用其坚也。秋冬木植，津气在内，所以坚牢，故可取也。筋胶以牛，用其固也。牛筋、牛胶，性最坚固，其他不及也。竹取劲干，用其刚也。南方大竹，刚劲厚实，故可为柄。朴斫以时，用其柔也。春夏天气温暖，筋胶相和，可以造棒也。"（98）要使球杖造得好，必得有上好材料，而好材料需精心挑选。就季节而言，秋冬之际，木叶凋零，树木生长之物内敛于木心，此时木质最为坚牢，适宜

作球杖的材料。牛筋和牛皮制成的胶质量最好，可以用作球杖和杖端之间、木或竹原料制作的球杖各部分之间等的黏合剂。南方生长的大竹，主干厚实坚硬，非常适合作为球杖柄的部分。选取木材之后，便是加工之时。春夏之交，天气温暖，木质与筋胶易于黏合，因而成为制作球杖的最好时间。

关于球杖的制作技术，《丸经·权舆章》说："突者宽薄，遥者窄厚。突者，激起也，而欲皮面宽，木分薄。遥者，击远也，凡扑棒、撺棒、单手杓棒，欲令致远，必须皮面窄，木分厚。若违此式，则不相应矣。偏欹为乖，棒头不可拽手，不可脱手。端为中，棒头中为妙。不预磨削……恐翘坏矣。不毁心脊，勿将棒中心刮陷，及将脊刮低也。先刃次脊，后平其心。最后刮心也。"（91）打高球时用力要猛，球杖前端的皮面应宽而稍薄，这样着球面就大。用于击远球的球杖，其前端皮面应相对稍窄且厚，以便着球面更有力。球杖的制作需符合规格，如此使用起来方便，且有利于击球技术的发挥；若不符合规格，则使用不便，难以发挥作用。棒头制作尤为关键，必须正直无偏斜。棒头偏斜，则难以对准目标，手握棒端也难以用力，影响击打效果。因此，制作球杖时，应以顶端的中线为基准向下延伸，确保棒头正直。此外，在球杖制作初期，尚未确定棒的顶端中线时，不宜先行对木料进行加工磨削，以防球杖弯曲或损坏。加工过程中，切勿刮磨球杖的中心部分，以免损坏球杖的中间导致其骨脊低

陷。正确的做法是：首先削去木料的表皮，然后磨平其中间突起处，最后再对木料的中心部分进行精细加工。

二、球杖类型

古代捶丸的球杖与高尔夫球杖十分相似，均为直杆下端带弯曲弧状，长约 1m，便于击球。高尔夫球杆长短不一，轻重有别，供人自由选择，通常不超过 14 根。捶丸所用的球杖亦有多种，同样有长有短，有轻有重。不同的场地、击球动作及使用需求，都要求击球者选择适宜的球杖。制作球杖的目的，在于造出贴合主人心意的球杖，发挥其长处，以享捶丸之乐，正所谓"造棒必从击球主人心之所好"（91）。看来古人已具备了如今流行的"量身定做"理念，通过独家定制来选择真正适合自己的球杖，即"球欲量棒大小，棒欲量身长短，相称则利，相欺则不利矣"（91）。也就是说，球的大小要与球杖的尺寸相称，而球杖要与使用者的身高相称。可见，

捶丸的器具是很讲究的，这样才能"器利艺精，心手相应"（95）。

上场时，大家就要带好各自的三种球杖，否则也要罚分。球杖分杓棒、扑棒和撺棒三种。每种杆头的薄厚、平面大小均不相同。第一种为杓棒，适用于距离球洞较远时击球。杓棒前端尖厚，形如鹰嘴，特别适用于打飞起的高球，使球长距离飞行。第二种为扑棒，通常单手使用。第三种为撺棒，前端宽厚，适用于打地滚球。在平缓地带击球时，扑棒和撺棒可有效击打球使其准确滚动。每种击球方式都有其特有的称谓。例如，用撺棒立着打，称"立打"；用杓棒蹲着打，称"蹲打"；扑棒则可站着打也可蹲着打。击球时的轻重力道，对木球运动轨迹的运算，均蕴含一定的道理。如在地面较硬、球滚动摩擦力小的场地，应减少击球力道；而在场地较软处击球，则需加大力道。根据击球的远近、场地的软硬不同，选用不同的球杖和打法，足见当时人们对球杖的认识之深，捶丸的科学性也由此体现。

第四节

技战术

一、技术

　　关于在捶丸运动中击打球丸的姿态，《丸经》中没有固定的要求。现代高尔夫球一般采取站立姿势，两脚分开，双手握杆挥击。而在捶丸活动中，击球的姿势则更为灵活，既有蹲势也有立势。若要击打高远球，人们通常采用站立姿势，以便更好地发力；如果击打距离较近的球，则更倾向于采用蹲式击球，即"远者立，近者蹲"（73）。此外，握杆方式也灵活多样，既可以双手握杆，也可以单手握杆，采用何种姿势均不算违规。

　　具体来说，《丸经·试艺章》载："立者，撺棒当立而运……扑棒单手者，当立运（远）者也。蹲者，今人曰减膝是也。杓棒鹰嘴当蹲。行者，撺棒是也。飞者，扑棒单手，杓棒是也。远者立，近者蹲。随宜用力也。无阻则行，有阻则飞。随宜用棒。行者不蹲，撺棒不减膝。飞者随宜。扑棒单手当立，杓棒鹰嘴当蹲。有阻不定行，无阻不定飞。有阻多飞，无阻多行。随宜斟酌用棒，务在取中。"（73）这段话详尽地阐述了在不同情况下应使用何种球杖，以及使用不同球杖击球时的身体姿态要求。若站立击球，则选用撺棒；打低凹处之球，需击球者屈膝半蹲，此时宜用杓棒，因杓棒前端呈鹰嘴状，弯曲之形正适于打低凹处之球。在平坦场地上打地滚球，需用撺棒；而在平坦场地上欲打高飞球，则需单手使用

扑棒。于平坦场地上打地滚远球时，应站立击球；打近球时，为求准确，则需下蹲轻打。若前方无阻碍，则打地滚球前行；若有阻碍，则打高飞球越过。打地滚球时，无须屈膝下蹲；而打高飞球时，则可根据地形不同选用不同球杖、采用不同姿势。前方有阻碍时，切不可打地滚球前行；前方无阻碍时，亦不可打高飞球。

二、技巧

　　关于捶丸的技巧，《丸经·制器章》记述的新法有37条，古法有17条（96），如"正棒头打八面，倒棒斜插花，卧棒斜插花，撺棒斜插花，皮塔斜插花，燕尾斜插花，倒棒翻卷帘，底板基儿……"（95），大多是当时的专业术语，由于缺乏史籍资料佐证，现在已经很难对这些仅有名称的打法作具体的描述了。但大体可判断，明代士大夫阶层喜爱捶丸活动，并能体会出其中的巧妙。而且，从这些奇妙的名称不难看出，这些奇巧打法并非为了竞赛取胜，而是为了增添游戏的乐趣，增强运动的观赏性。

　　《丸经·试艺章》主要讲述的是在面对不同地势地形时，应选用哪种球杖，运用哪种打法，更像是为捶丸运动的初学者所撰。而《丸经·制器章》则更像是向大家展示捶丸技巧的各种花样，能够熟练运用其中提到的各种技法的必定是技艺精湛的高手。

三、决策

《丸经·序》中提到"不以勇胜，不以力争"（39），这表明在捶丸运动中也需要战略和战术。球员在击球时，不仅要考虑地形、土壤条件、天气状况，还要观察对手的心理变化，以思索出最佳的打球策略。在不同情况下，球员需采用不同的战术。捶丸运动的战略战术变化多端，这就要求球员在打球时必须用心思考。

捶丸场地的"地形有平者，有凸者，有凹者，有峻者，有仰者，有阻者，有妨者，有迎者，有里者，有外者"（56），地形变化的多样性和复杂性是捶丸运动的一大难点，但由此而增加的挑战性也正是捶丸运动的乐趣之一。如何针对不同场地选用不同的策略，是考验球手的关键。比如，前面有凸起地形，很难直接通过，就要思考左右两边的通道哪个更好。针对不同的地形，要采取不同的应对方法，如"平者勿失"（在平坦的地形上要不失时机地打好球）、"凸者有取"（前面有凸起的地形，很难从中间通过，观察左右两边的通道，哪边好通过就从哪边过）、"凹者有行"（两面高中间低的凹地形，球可以从中间通过进入球窝）、"峻者欲缓"（球在坡上，窝在坡下，打球时要轻缓用力，使球缓缓地下行而进窝）、"仰者欲及"（如果窝在坡上，球在坡下，那么一棒打进是不可能的，必须先用力把球上击，并使其落在窝边，然后再一棒打进）、"阻者欲越"（前面有障碍物的地形，必要时将球高高打飞起来越过障碍物）、"妨者用巧"（后面有障碍物的不利于挥棒，所以要根据地形来灵活地选择挥棒姿势以摆脱障碍物的干扰）、"迎者勿及"（窝的后面如果有墙壁或木石，不必尽力使球打到窝边位置，只要用巧劲尽量使球靠近球窝，因为如果用力

过猛，球可能会反弹回来）、"里者里之"（如果地势左高右低，球窝在右边低地势处，击球时要顺着地势反其道而行之，将球打向左边高处让球自行滚落到球窝里）、"外者外之"（如果地势右高左低，球窝在左边地势低处，只需将球打向右边高处，球便会顺着地势滚落进左边球窝内）（56）。

决策时，除了要考虑地形高低起伏的变化，还要考虑土质的变化，即"土有坚者，有坌者，有燥者，有湿者"（59）。而"因地之利，制胜之道也"（59），也就是根据土地质地不同，在挥棒用力方面也要有所不同。如"坚者损之"（59），即土质坚硬，球滚得快，那么挥棒的时候就要减力；"坌者益之"（59），即土质疏松的地方，就要加力挥棒；"燥者、湿者，随形处之"（59），即潮湿的土质和干燥的土质，球的滚落速度也是不一样的，因而要根据土质的不同特点采用适宜的击球力度。能够熟练地运用这些技巧，自然能够游刃有余地应对各种复杂地形和地质的变化，将球击入球窝。

当某个球手准备推球入洞时，如果其他球手的球停在该球的正前方，阻挡了其前进道路，那么该球手应考虑地形情况，选择将球往左右两侧击打，使其绕过那个球到达球洞。若此时有其他球手的球停在了该球的左前方或右前方，那么球手可以冒一次险，小心地将球击向正前方，使球从中间的空隙中穿过而到达球洞。但根据规则，如果被击打的球撞到了别的球，该球就会被判定为死球，其所属球手在这一洞即告失败。这种策略被称为"英雄式策略"，因为对球手而言，选择此策略是极大的冒险。有意思的是，在现代高尔夫球场设计中，通过设置各种障碍物（如沙坑、水障碍等）和改变球道方向，可以营造出不同的设计风格，一般分为战略性设计、冒险性设计和惩罚性设计三类。其中，冒险

性设计的英文为 heroic design，直译为英雄式设计。这种设计鼓励球手在击球时勇于冒险，选择风险越高的策略可能获得的回报也会越大。由此可见，对于捶丸和高尔夫这两种运动而言，这种鼓励球手冒险的"英雄式策略"的本质是相同的。

四、心理

学习通过观察对手的面部表情和肢体动作来掌握对手的心理状态，是捶丸运动中制胜的一大关键要素。在打球时，保持平和冷静的情绪至关重要，焦虑或急躁都可能导致失败。球手自身必须保持冷静，不能紧张慌乱。同时，球手还应该学会洞察对手的心态和情绪变化，以便在对手心理状态最脆弱的时候抓住时机，给予其致命一击。但这绝不意味着要通过不正当手段来干扰他人的击球，这里只是强调了心理较量在捶丸运动中的重要性。

道德要求

在社会中，每个人都扮演着不同的角色，并需要展现出与该角色相符的特征。体育运动恰好为人们学习社会角色提供了适宜的环境条件。虽然我们无法确切知晓古代捶丸运动中是否存在队长、替补等具体角色分配，但无疑会有组织者、核心成员，以及传授者、学习者等角色的存在。在捶丸运动中，每个成员都根据自己的能力处于相应的地位和角色中，并表现出与该角色相适应的行为。捶丸者也可能尝试不同的角色，最终找到最适合自己的定位。在这一过程中，人们能够积累各种角色经验，增强群体归属感，从而在社会中找到最适合自己的角色定位，并遵守群体规范。

捶丸作为一项竞技运动，有着自己独特的规则。尽管这些规则具有强制性，但它们是从游戏性质的运动中自然衍生出来的，因此人们乐于接受并遵守。《丸经》详细记录了该项运动的规定及处罚规则。此外，《丸经·承式章》中强调了捶丸者在球场上的风格道德和人品修养的重要性，《丸经·崇古章》中则明确指出"方欺苟瞒"（49）、"正赛诡随"（50）等行为将受到严厉惩罚。这说明捶丸运动非常注重培养人的道德品质，以期为良好社会规范的形成奠定基础，这也是统治者推崇这项运动所期望达到的效果之一。

此外，捶丸运动不像步打球、棒击球那样具有激烈的对抗性，它更有助于培养温和的性格和合作精神。体育运动具有将性格意识迁移到社会生活中的功能，即在体育运动中培养的优秀品质同样可以在社会生活中展现出来。因此，捶丸运动能够促进社会规范的培养，有助于造就优秀的公民。

捶丸运动极为重视球手的诚实、自律和礼貌。在打球时，球手首先要铭记的就是诚实为本，绝不能在球场上有任何作弊行为。任何作弊行为都是极其可耻的。若球手在比赛中作弊，他不仅会受到规则规定的处罚，还会遭到所有人的鄙视。此外，球员在打球时必须保持礼貌、谦逊的态度，绝不能粗鲁对待他人，也不能炫耀自己的球技。捶丸运动旨在放松身心、锻炼身体，因此球手不应将比赛的输赢看得过重。当球手赢得比赛时，不应骄傲自大，而应一如既往地保持谦虚；当球手输掉比赛时，也应保持冷静，不能冲他人发火、诅咒他人，甚至故意破坏别人的击球。在《丸经》中，作者还提醒人们，捶丸仅是闲暇时光的一项运动，切勿因沉溺其中而荒废了学业和事业。在天气晴好的日子里，约上几位好友，前往风景秀丽之地打打捶丸，无疑是一种既能舒展筋骨又能放松身心的娱乐方式。但切记要适度，不要让捶丸影响到正常的生活。

另外，《丸经》中还提到了捶丸比赛的奖品设置。这些奖品由参加比赛的球手共同提供，每位球手都应贡献出一些物品，作为获胜者的奖励。然而，鉴于球手们的经济状况各异，相对富裕的人应多贡献一些物品或贡献较为昂贵的物品，而相对贫困的人则可以少贡献一些或贡献稍微普通一点的物品。

这种看似赌球的方式，实则体现了量力而行的思想，可以说是一种特殊的公平体现。不过，《丸经》中有一处细微之处，透露出封建等级制度对这项运动的影响。《丸经·贵和章》中指出，尽管在捶丸场上人人都应谦逊有礼、平等相处，但身份地位的"尊卑之序不可紊乱"，所谓"和而不同，君子贵之"（122）。元朝是我国封建社会历史上等级制度极为严格的朝代，由此可见，若参加捶丸运动的球手来自不同的社会阶层，在球场上仍需严格遵守等级礼仪。

从捶丸产生的文化背景中，我们推测捶丸运动深受儒家思想的影响，而捶丸运动中也确实体现了儒家思想的诸多精髓。通过《丸经》对捶丸进行深入了解，我们更加坚定了这一推测。捶丸运动的目的是让人锻炼身体、放松精神，到大自然中去感受天人合一的和谐境界。即便有捶丸比赛，其目的也并非单纯为了争夺胜利，修身养性才是捶丸最根本的追求。无论是捶丸的规则还是礼仪，对参与者的礼貌、礼节极为重视。为人诚实、正直也是捶丸运动所秉持的原则。任何作弊行为都是绝对禁止的，并且会招致所有人的鄙视和谴责。无论是有意还是无意阻碍了别人击球，都会受到严厉惩罚，甚至可能被取消参赛资格。以上这些捶丸所蕴含的体育精神，正体现了儒家思想核心的仁、义、礼、智、信、恕、忠。因此，我们认为捶丸的出现确实受到了儒家思想的影响，它所包含的体育道德精神也反映了儒家思想的核心与精髓。

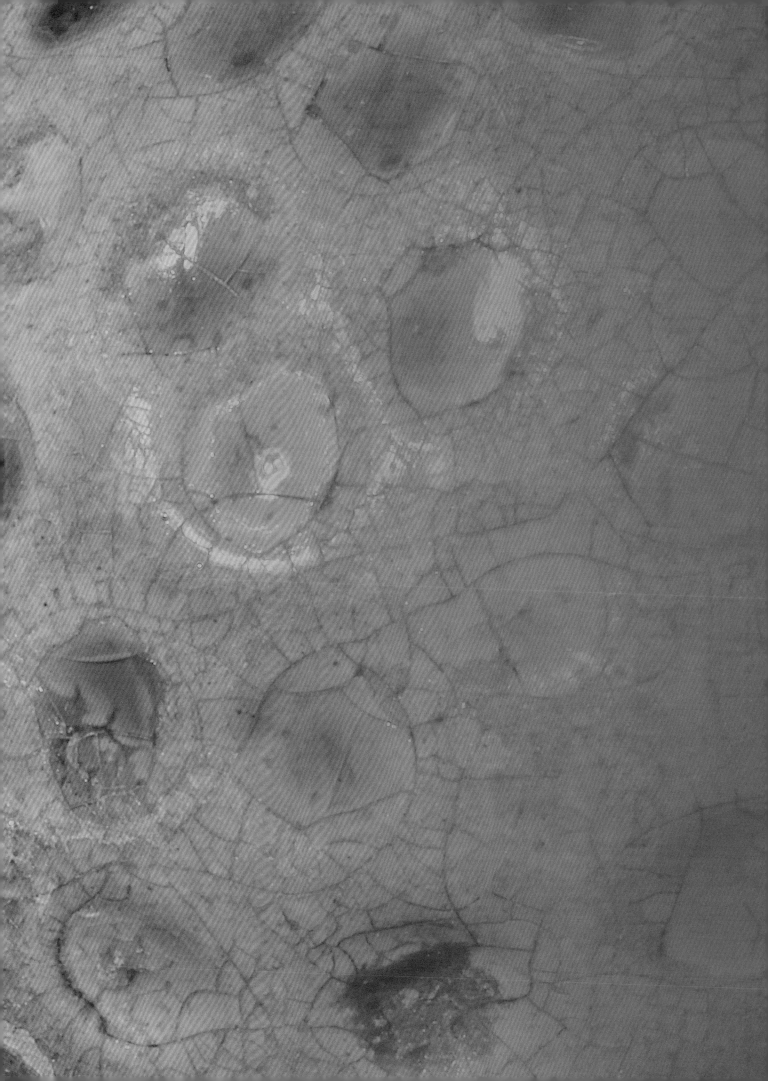

宋元明时期，恰逢陶瓷工艺技术取得跨越式发展的关键阶段，而捶丸也自宋代起快速发展，并在元明时期达到兴盛。从出土的陶瓷捶丸遗存来看，不同时期陶瓷捶丸的制作工艺与当时的陶瓷生产技术水平、捶丸文化的发展阶段存在着明显的协同效应。不难看出，陶瓷捶丸生产工艺的进步对推动捶丸文化的发展起到了重要作用。

《东京梦华录·元宵》载："正月十五日元宵。大内前自岁前冬至后，开封府绞缚山棚，立木正对宣德楼，游人已集御街两廊下。奇术异能，歌舞百戏，鳞鳞相切，乐声嘈杂十余里。击丸蹴鞠，踏索上杆。赵野人，倒吃冷淘。张九哥，吞铁剑。李外宁，药法傀儡。小健儿，吐五色水、旋烧泥丸子……"[①]显然，"击丸"是宋代民俗节日中的一项重要娱乐活动。从宋代捶丸的普及情况来看，文中所述的"击丸"很可能就是捶丸。而文中提到的"旋烧泥丸子"是否与陶瓷捶丸的制作有关，尚待进一步考证。但可以确定的是，随着捶丸的普及和传播，陶瓷球逐渐凭借其显著的优势成为捶丸用球之一。《过庭录》中滕元发所酷爱的"角球"可槌碎而起，说明球的材质较坚脆，能够被球棒击碎。基于大量宋代陶瓷捶丸遗存的发现，不排除此类角球为陶瓷质地的可能性。

随着捶丸运动的流行，在市场需求和利润的不断刺激下，陶瓷捶丸的生产在原材料选择、成型精细程度、装饰及装烧工艺等方面，均实现了质的飞跃，其商品化进程得到快速推进。元代制瓷技术取得了跨越式的发展，特别是瓷器胎料构成升级为"二元配方"，烧成温度也随之大幅提高。在这一技术革新的影响下，陶瓷捶丸的物理性能得到了显著改善，球体胎质更加致密，抗击打和耐磨性能增强。可以说，捶丸的普及和兴盛，得到了元代先进制瓷工艺技术的重要支持。

作为捶丸球具的陶瓷球，其生产制作相比木质、皮革质球具更加经济便捷。加之当时制瓷业的繁荣，南北方陶瓷捶丸的产量都相当可观。考古发现表明，出土陶瓷捶丸数量较多且具有代表性的地区包括北方的河北邯郸，河南平顶山、鹤壁、禹州、登封等，山东淄博和聊城等地，以及南方的湖北武汉、四川邛崃、江西吉安、江苏南京等地。可见，陶瓷捶丸在当时使用很广泛，这也反映了当时社会对捶丸运动的热爱与追捧。

2018年4月，在河南鲁山段店窑遗址大浪河西岸回填煤坑施工作业过程中，发现了大量陶瓷、窑具碎片和陶瓷球（图5-1—图5-3）。千余枚陶瓷球与碎瓷片、窑具碎片同层掩埋，掩埋层较厚且分布面积较大，这足以说明当时鲁山段店窑陶瓷球的烧造量之惊人。包括鲁山段店窑遗址在内的全国各地遗址出土的陶瓷球，以宋元明时期的居多。这些陶瓷球既具有时代的共性，又展现出地方特色。这些丰富的一手资料，对探讨陶瓷捶丸的原材料、成型、装饰和烧制等生产工艺技术具有极为重要的价值。分析这些陶瓷球的物理化学特性与功能原理，可以逐步揭示古代陶瓷捶丸的科学内涵。

---

① 孟元老撰. 东京梦华录. 王永宽注译. 郑州：中州古籍出版社，2010：106-107.

图 5-1　河南鲁山段店窑遗址大浪河西岸陶瓷与窑具碎片掩埋层（摄影：梅国建）

图 5-2　河南鲁山段店窑遗址煤坑散落的陶瓷球（摄影：梅国建）

图 5-3　河南鲁山段店窑遗址大浪河西岸煤坑回填现场（摄影：梅国建）

陶瓷球的泥料

从原材料组成方面看，唐中晚期陶瓷球的制作泥料主要是多种微细矿物、粗颗粒矿物（如石英、长石、云母等）、碳酸盐和硫酸盐类、氧化铁和氧化钛以及一些有机杂质的混合体。选用的泥料多为次生黏土，这类泥料经过风化作用及雨水和河流的冲刷沉积，含有大量有机物杂质，可塑性较好但耐火度较低，需加入一定量的高耐火度泥料进行改性处理。考古数据显示，该时期陶瓷球多采用实心结构。早期制作陶瓷球时，工匠通常需要加入"羼和料"（如砂粒、稻谷壳、碎陶渣等）改善球形坯体的耐热急变性能，防止坯体在烧制过程中因受热不均而炸裂。这种羼和料工艺早在新石器时代就被先民应用于制陶活动中，他们有意识地在泥料中加入一定比例的羼和料，通过形成微气孔结构来有效缓冲陶炊器在与火焰接触中因急速升温产生的体积应力，从而避免爆裂发生。除羼和料的应用外，古代陶瓷球中的颗粒物以粗细不均的砂粒为主，这类砂粒可能是泥料淘洗不精或使用了未经淘洗的泥料所致，烧制这类球丸时开裂的概率明显降低，因而此法得到长期应用。宋代以后，随着工艺技术的发展和原材料应用经验的丰富，胎料的构成逐渐契合当时陶瓷球的生产和应用品质要求，羼和料的应用也因此变得不多见。

古代陶瓷球大多是各地窑口在烧制主流陶瓷器皿时兼带烧制而成的。从市场效益角度分析，陶瓷球虽然产量颇大，但利润微薄，且其生产具有较强的依附性，因此并未成为各窑口的主打产品。制作陶瓷球的泥料在精细度上并不像陶瓷器皿那样有严格要求，多使用当地生产陶瓷器皿后剩余的泥料，甚至是各种边角料的混合，这些泥料中含有较多的有机物和黄铁矿等成分。在高温烧制过程中，这些成分会发生气化或液化反应，导致胎体内部产生较多的气泡和熔孔（图5-4）。唐代创立的绞胎技艺成为陶瓷胎体装饰的重要工艺之一，这一工艺在宋元时期的陶瓷捶丸制作中得到了广泛应用。其具体做法是将两种或两种以上的泥料绞合后制成球丸，烧制完成后，胎色对比鲜明，呈现出既像行云流水又似犀皮漆器的独特艺术效果。绞胎捶丸的呈色原理在于利用泥料中金属氧化物成分（尤其是 Fe_2O_3）含量的差异，在不同的氧化或还原气氛下烧制，从而形成千变万化的色调和纹理（表5-1）。

图 5-4　唐宋 陶瓷球残件（多视角）
（直径 7.90cm，重量 250g）
河南鲁山段店窑遗址出土

表 5-1　Fe_2O_3 含量对黏土煅烧后呈色的影响 *

Fe_2O_3 含量 /%	在氧化焰中烧成时的呈色	适于制造的品种
<0.8	白色	细瓷、白炻瓷、细陶器
0.8	灰白色	一般细瓷、白炻瓷
1.3	黄白色	普通瓷、炻瓷器
2.7	浅黄色	炻器、陶器
4.2	黄色	炻瓷、陶器
5.5	浅红色	炻瓷、陶器
8.5	紫红色	普通瓷、粗陶器
10.0	暗红色	粗陶器

*马铁成.陶瓷工艺学（第二版）.北京:中国轻工业出版社,2011: 28.

第二节

陶瓷球的分类

不同地域和不同时期生产的陶瓷球，在材料成分和烧制温度上均存在显著差异。宋元明时期的陶瓷球，依据其烧成后的吸水率、烧结程度和气孔率等特性，大致可分为陶质、炻质和瓷质三种类型。陶质球的吸水率通常高于 12%，部分甚至可达 20% 以上，气孔率约为 12%—38%。炻质球的吸水率一般为 0.5%—12%，气孔率约为 8%—12%。瓷质球的吸水率则低于 0.5%，气孔率约为 2%—8%，胎质细腻致密。需要特别说明的是，这种三分法是基于现代材料科学标准进行的逆向推导。之所以对宋元明时期陶瓷球进行如此简单的类型划分，是为了更方便地探讨不同时空条件下陶瓷球的工艺技术特点。

一、陶质球

陶质球的胎质粗松，表面粗糙，带有明显的坑洼肌理，且多有磕碰痕迹甚至残缺。从一些球体的断面观察，胎料中掺杂了较大比例的砂粒，甚至少量小石子，这些杂质仍保持生烧状态，可见其烧成温度并不高，胎体并未达到完全烧结的程度。图 5-5 中陶瓷球的胎体含有较多砂石，部分石子体量较大，烧成后球体上密布着金属氧化物杂点。由此可推测，当时工匠对泥料的选择和处理可能存在两种情况：一是直接采用河床或河水冲刷沉积层的泥料，未经淘洗便制成球丸坯体，此方法简便易行，成本较低；二是使用了泥料淘洗后剩余的次料，

图 5-5　唐宋　陶瓷球残件（多视角）
（直径 4.65cm，重量 76.5g）
河南鲁山段店窑遗址出土

以充分利用原材料，节约成本。陶质球的烧成质量不仅受烧成温度的影响，还深受泥料成分的影响。我国北方地区制作陶瓷球所选用的泥料含铝量较高，因此其烧成所需温度也相应较高。此外，陶瓷球装烧基本采用插烧方式，装烧位置的差异也会导致同窑烧成的球体烧结程度不尽相同。

二、炻质球

炻质球的特性介于陶质和瓷质之间。其胎质相较陶质更为细腻，泥料经过了较为彻底的淘洗和筛选，因此胎体中不再含有较大的石子和砂粒，显得相对致密坚实（图5-6）。在炻质球的烧成过程中，一些微细矿物开始熔融，液相逐渐增多，并填充于未熔颗粒之间的空隙，将这些颗粒紧密地连接在一起，使得胎体的气孔率下降，密度增高。因此，炻质球在抗击、耐磨、弹跳等性能方面相较陶质球有了显著提升。矿物分解产生的气体通过胎体的孔隙排出，部分液化的矿物或金属化合物也在胎体收缩的过程中被挤出表面，冷却后形成深褐色的斑点或微细的釉质珠粒。在遗存中，宋代以后的炻质和瓷质球数量明显多于陶质球，这一现象不仅佐证了宋代制瓷技术的进步，也反映了捶丸活动的蓬勃发展。

图5-6　宋元　陶瓷球剖切件（多视角）
（直径 5.48cm，重量 120.5g）
河南禹州扒村窑遗址出土

三、瓷质球

瓷质球在吸水率、瓷化程度和气孔率等方面均优于陶质与炻质球，因坚硬抗击的特性和生产的经济性受到捶丸者的青睐，并在宋元明时期得到大量生产。瓷质球烧成温度高，胎体致密，表面光整，其泥料细腻程度与陶瓷器皿所用泥料已无明显区别，原料加工精细，制作讲究，球体贴地滚动时更趋平稳，击球弹跳而不易破损。陶瓷球标本（图 5-7）的断面显示出胎体瓷化程度较高，内部细微矿物分解产生有微小气孔及金属化合物的析晶，球体表面坚圆净滑，呈褐色。北方黏土中含有较高的 Al_2O_3 和 TiO_2，某些黏土在当地称为坩土者含有一定量的 Fe_2O_3 和 K_2O。[①] Fe_2O_3 和 TiO_2 含量高的球丸胎体烧制后常呈现深暗褐色或赭红色，色调富于变化。

图5-7　宋元　陶瓷球残件（多视角）
（直径 3.92cm，重量 63.5g）
河南禹州扒村窑遗址出土

---

① 李家治. 中国科学技术史·陶瓷卷. 北京：科学出版社，1998：283.

第三节

陶瓷球的成型

古代陶瓷球的成型大致分为手工团揉和模具成型两种方式。唐代以来，我国的陶瓷模印工艺已经十分成熟，这一技术的广泛应用极大地提高了当时陶瓷的生产效率。唐代巩县窑的模制陶塑、长沙窑的模印贴塑，宋代耀州窑与定窑的印花瓷器，元代景德镇窑和钧窑的瓷器，以及明代龙泉窑与德化窑的模塑贴饰瓷器，都在不同程度上应用了模印或模塑工艺。这不仅提高了生产效率，还使得产品的装饰类型与审美趣味更加多元化。瓷器生产工艺所取得的巨大成就，对当时陶瓷捶丸的制作起到了重要的促进作用。特别是模具成型的广泛应用，实现了陶瓷捶丸的批量化生产，满足了当时商品经济和捶丸发展的现实需求。

一、手工团揉

手工团揉的做法是取适量泥料，经匠人双手反复揉捏团转，使泥料逐渐塑成圆滑紧实的球体。手工团揉的优点在于可使球体表面光洁圆整，形成一层致密的外壳，待坯体完全干燥后可直接入窑烧制。这种制作工艺能够实现多种泥料的综合应用，如绞胎或粗细泥料的内外兼用。绞胎的做法，顾名思义，是将两种或多种泥料混绞产生肌理。粗细泥料内外兼用的做法，是用颗粒稍粗的泥料做内心，外包一层细腻泥料。此法既能使球体形态更为精致，又能利用内部较粗颗粒泥料改善球体的耐热急变性能，防止实心坯体在入窑烧制时因升温过快或受热不均而炸裂。同时，这种粗细泥料内外结合的工艺还能节省精细泥料，降低成本，是古代陶瓷捶丸生产的常用方法。

图 5-8 直观展示了由不同泥料团揉成的球体的内部结构。标本 1 通体采用粗质泥料制成，球体表面粗糙不平，烧结不紧密，磕碰后表面易掉渣，留下凹坑。标本 2 内部采用颗粒较粗的泥料，外层包裹较细腻的泥料，经过反复团揉使两种泥料紧密咬合。在干燥和烧制过程中，泥料收缩进一步使坯体变得致密坚硬。从外观上看，标本 2 采用粗细泥料结合的工艺优化了陶瓷捶丸的外观；从物理特性上分析，这种工艺提高了陶瓷捶丸的耐热急变性和抗冲击性能。因此，标本 2 在成型工艺方面较标本 1 更加成熟。标本 3 的制作方法比标本 2 更具技术难度。先用普通泥料制作内心，然后外裹一层事先制备好的绞胎泥料，经过反复团揉排出泥料之间的空气，使内外两类泥料嵌合紧密。这种制作工艺既能达到胎体装饰的目的，又能节省绞胎泥料。其技术难度在于两类泥料特性不同，干燥和烧制时收缩率不一致，容易导致胎体开裂。标本 4 的断面呈现出白色丝缕状纹理，表明其泥料并未经过充分炼制，不同泥料混合的痕迹清晰可辨。这种泥料混合并非出于工匠主观上的绞胎装饰动机，而是主要出于充分利用边角剩料的考虑，以节约成本。断面中的丝缕状纹理直观地反映了陶瓷捶丸是采用团揉工艺制成的，并显示了团揉时泥料受挤压所发生的位移方向。

标本 1　宋元　陶瓷捶丸残体
（直径 5.98cm，重量 165.0g）河南鹤壁出土

标本 2　宋元　陶瓷捶丸残体
（直径 5.99cm，重量 154.5g）河南鹤壁出土

标本 3　宋元　绞胎陶瓷捶丸残体
（直径 5.05cm，重量 108.0g）出土地不详

标本 4　宋元　陶瓷捶丸残体
（重量 60.5g）河南鹤壁出土

图 5-8　不同泥料团揉而成陶瓷捶丸的内部结构

相较于模具成型，陶瓷捶丸的团揉手制在取料分量上虽然可以借助取料工具，但主要仍依赖于工匠的熟练技艺。由于手工团揉的特性，陶瓷捶丸在规格上可能会存在肉眼可见的差异。在制作过程中，团揉工艺存在将空气滞留和封存在坯体中的风险，这可能导致坯体中形成明显的空洞或缝隙。坯体内滞留的空气在烧制时受热膨胀，可能会破坏球体的结构。

有些球体烧制后表面看似完整无瑕，但内部的细小缝隙仍可能导致球体在受到捶击时发生破裂。在制坯过程中，团揉过度还会适得其反，导致坯体变得酥散不紧，进而影响陶瓷捶丸的烧成质量。因此，经验丰富的工匠会通过团揉技巧尽可能将泥胎中的空气排出，同时保持坯体结构的紧致，以制作出符合质量要求的陶瓷捶丸。

二、模具成型

除手工团揉外，模具成型也是陶瓷球制作的重要工艺。古代制作陶瓷球的模具，通常采用经过淘洗的细质黏土，将黏土均匀包裹在已烧结的球形胎体（即模种）上。待模具泥料干燥至一定强度后，工匠会用细线沿其中线将其环切成两瓣，形成外模。在环切过程中，内部的胎体起到支撑作用，有效防止模具变形。分离后的模具需经过充分干燥，然后才能入窑烧结成陶质或炻质胎体（保持一定吸水特性）。烧制完成后，模具便可用于陶瓷捶丸的模印成型。值得注意的是，图 5-9 中的模具分合面呈轻微起伏状，而非平滑状。这种起伏面显然是工匠有意为之的工艺处理，旨在改善两瓣模具

间的嵌合度，防止模具在合模操作过程中发生偏移，从而确保制成的球形胎体具有高度的圆整度。

烧结后的陶质或炻质模具胎体内部呈蜂窝状结构，保持吸水性的同时还有较强的硬度（图 5-10）。模具共分两瓣，呈半球状，盖合而成一体，合模缝隙处刻划一至两条骑缝标记线作为两瓣模具合模时参照的标记。当两瓣模其上的标记线连接齐顺时，表示两瓣模具已经盖合至最佳位置，这种状态下模制出的坯体不会出现上下错位现象。两瓣模具合模时，内部的泥料会被挤压黏合成球体。外模利用其吸收水分的特性，将内部坯体的水分吸收到模具体内。失水后的球形坯体开始硬化紧缩，并逐渐与模具内壁脱离。待球形坯体硬化到一定程度后，便可打开模具将其取出。

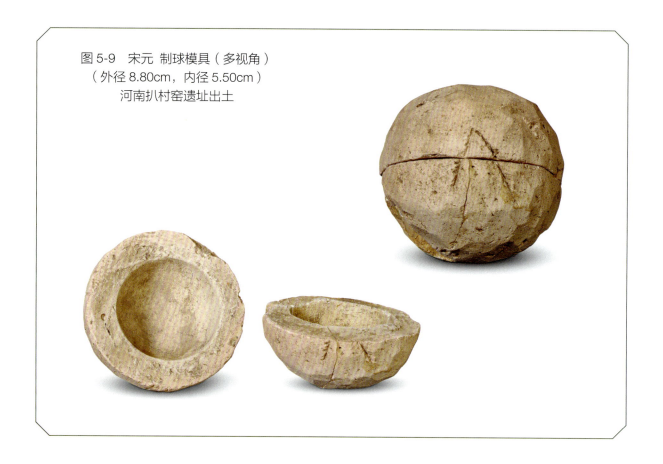

图 5-9　宋元　制球模具（多视角）
（外径 8.80cm，内径 5.50cm）
河南扒村窑遗址出土

图 5-10　宋 制球模具（多视角）
（长 8.80cm，宽 6.50cm）
河南鲁山段店窑遗址出土

取出后的坯体需要修整平滑，并静置晾干，以备后续的装饰或烧制工序。模具成型的优点在于能够制成规格一致的球形坯体，其工艺重点在于，两瓣模具合模前在泥料的黏合面上均匀涂抹一层黏稠的泥浆，这样合模时内部坯体能够被泥浆充分黏合，从而将空气排出。缝隙是陶瓷捶丸抗击强度的重要威胁。即便是肉眼难以察觉的缝隙，也可能导致陶瓷捶丸在受到击打时开裂甚至破碎。从模具中取出的坯体需要借助工具旋削掉因合模而被挤出的多余泥料，以使坯体表面光滑圆整。图 5-11 是一件残留了合模泥痕的炻质球，合模时过量的泥料受到挤压外溢，致使合模痕明显凸出。该标本的合模痕未旋削彻底，使我们能更为直观地了解古代陶瓷捶丸的模具成型工艺。

图 5-11　宋元 模制陶瓷捶丸
（直径 2.65cm，重量 20.0g）
河北磁州窑遗址出土

陶瓷捶丸的装饰工艺

社会存在决定社会意识，特定历史阶段的经济基础、文化形态、哲学思潮与艺术审美共同塑造着时代文体活动与艺术生产的价值取向。从唐代政治经济的繁荣强盛、文化的兼收并蓄与社会精神的开放自信，到宋代商品经济的蓬勃发展、市民文化的兴起与理学的思辨特质，再到元代多民族文化交融下的独特风尚、明代资本主义萌芽与文艺思潮的涌动，这种动态演进的社会深刻影响着捶丸的发展变迁，更直接推动了陶瓷捶丸装饰艺术展现出兼容并蓄的审美特质。作为横跨贵族雅集、市井娱乐，乃至妇女儿童群体都乐于参与的全民性运动，捶丸既彰显着时代精神的气韵，又以其娱乐特质笼络着庞大的受众群体，进而促使陶瓷捶丸装饰工艺在多元审美与文体娱乐需求的驱动下，实现了技法与意蕴的双重突破。

就装饰工艺而言，其本质是古人对陶瓷捶丸运动属性进行文化艺术提升的自觉实践。相较于击鞠等高强度对抗性运动，捶丸通过弱化竞技强度、强化娱乐属性，使击球节奏趋于舒缓，运动状态更富韵律感。这种特性转变不仅延长了参与者对陶瓷捶丸的视觉停留时间，更促进了陶瓷捶丸从"功能载体"向"审美对象"的跨越。在此过程中，装饰工艺扮演着关键角色。通过纹样镂刻、釉彩渲染与肌理雕琢，陶瓷捶丸逐渐突破了运动器具的实用边界，交织出纹饰象征、色彩叙事与形态隐喻等多重文化艺术维度。值得注意的是，古代工匠在追求陶瓷捶丸抗击耐磨、形制规整等物理性能的同时，更注重从传统陶瓷文化乃至民俗文化中汲取灵感，使陶瓷捶丸成为糅合体育精神与工艺美学的文化载体，将强身保生、礼乐教化、审美启蒙等社会功能集于一身。

古代陶瓷工匠擅长巧技精工，陶瓷捶丸的圆球造型为工匠们发挥装饰创造力提供了基础。从古代陶瓷捶丸遗存的精美装饰（图5-12）来看，匠人们在陶瓷捶丸装饰上所投入的精力甚至超越了成型工艺。诸如色衣、肌理处理、彩绘、色釉等各种装饰类型和技法被广泛应用于陶瓷捶丸，使其呈现出细腻入微、绚丽多彩的艺术效果。这些装饰不仅满足了民众的竞技需要，还陶冶了大众的审美情趣。

一、胎色装饰

古代陶瓷捶丸的材质是以硅酸盐为主体的复合体系，其胎色来源于胎泥中的铁、钛、锰等过渡金属氧化物的显色机理。这些金属元素在高温煅烧过程中，通过氧化或还原反应形成特征性色彩，其含量及烧成气氛的差异共同影响着胎体的色谱变化。窑工通过精心调控胎泥配方中的金属氧化物配比，并结合特定的烧制气氛，使捶丸胎体呈现出丰富的色阶变化。这种对显色物化规律的突破性认知，不仅体现了古代工匠对色彩美学的不懈追求，更彰显了他们在工艺实践中将经验与科学完美融合的超凡智慧。

在胎色的多样性方面，宋元时期的陶瓷捶

宋元 黄釉陶瓷捶丸
（直径 2.41cm，重量 16.5g）
四川成都出土

宋元 褐釉陶瓷捶丸
（直径 2.30cm，重量 15.0g）
四川邛崃出土

明清 红色料装饰陶瓷捶丸
（直径 2.39cm，重量 16.5g）
江苏南京出土

宋元 化妆土装饰陶瓷捶丸
（直径 2.69cm，重量 22.5g）
河南禹州出土

明清 蓝色料装饰陶瓷捶丸
（直径 3.25cm，重量 41.0g）
河南鲁山段店窑遗址出土

明清 绿色料装饰陶瓷捶丸
（直径 2.82cm，重量 29.5g）
河南鲁山段店窑遗址出土

明 素面磨光陶瓷捶丸
（直径 3.19cm，重量 40.0g）
江苏南京出土

宋 素面磨光陶瓷捶丸（渗碳工艺）
（直径 3.59cm，重量 47.5g）
河南登封出土

宋 绞胎陶瓷捶丸
（直径 4.87cm，重量 117.5g）
河南汝州出土

宋元 凹坑纹陶瓷捶丸
（直径 3.65cm，重量 46.0g）
河南登封出土

宋 绞胎陶瓷捶丸
（直径 4.78cm，重量 114.5g）
河南汝州出土

宋元 凹圈纹陶瓷捶丸
（直径 3.35cm，重量 44.5g）
四川邛崃出土

宋 花形坑点纹陶瓷捶丸
（直径 5.43cm，重量 190.0g）
河南禹州扒村窑遗址出土

宋 卷草纹陶瓷捶丸
（直径 4.15cm，重量 88.5g）
江西吉州窑遗址出土

宋元 凹圈纹陶瓷捶丸（渗碳工艺）
（直径 4.71cm，重量 112.5g）
湖南长沙出土

宋 花卉纹陶瓷捶丸
（直径 4.15cm，重量 87.0g）
江苏南京出土

宋 圈点纹陶瓷捶丸
（直径 4.15cm，重量 88.5g）
江西吉州出土

宋 旋涡纹陶瓷捶丸
（直径 3.45cm，重量 57.0g）
江苏南京出土

宋元 圆圈纹陶瓷捶丸
（直径 5.41cm，重量 183.5g）
河南鲁山段店窑遗址出土

宋元 绞胎圈点纹陶瓷捶丸
（直径 4.38cm，重量 107.5g）
河南鲁山段店窑遗址出土

宋元 圆点梅花纹陶瓷捶丸
（直径 5.55cm，重量 198.0g）
河南鲁山段店窑遗址出土

宋元 谷纹陶瓷捶丸
（直径 3.10cm，重量 36.0g）
河南鲁山段店窑遗址出土

宋元 釉点纹陶瓷捶丸
（直径 3.20cm，重量 42.0g）
河南鲁山段店窑遗址出土

宋元 绞釉陶瓷捶丸
（直径 6.00cm，重量 271.0g）
河南禹州扒村窑遗址出土

宋 酱釉陶瓷捶丸
（直径 2.82cm，重量 26.0g）
江苏南京出土

宋金 三彩釉陶瓷捶丸
（直径 3.75cm，重量 53.5g）
河南登封出土

图 5-12 不同装饰工艺的陶瓷捶丸

丸以北方地区为代表，仅河南与山东两地就出现了白胎、黄胎、红胎、褐胎、紫胎、黑胎等多种类型。通过对比河南与山东出土陶瓷捶丸的胎色（图5-13），色调上所呈现出的明显深浅变化基本反映了北方地区陶瓷捶丸生产具有选料范围广、产量高、烧成方式多样等特点。

宋 白胎陶瓷捶丸
（直径2.28cm，重量13.0g）
山东聊城出土

宋 淡黄胎陶瓷捶丸
（直径2.01cm，重量7.0g）
山东聊城出土

宋元 浅黄胎陶瓷捶丸
（直径3.27cm，重量31.0g）
山东聊城出土

宋 黄胎陶瓷捶丸
（直径3.09cm，重量26.5g）
山东聊城出土

宋 砖红胎陶瓷捶丸
（直径5.11cm，重量150.5g）
河南鲁山出土

宋 褐胎陶瓷捶丸
（直径4.41cm，重量105.5g）
山东聊城出土

宋元 紫胎陶瓷捶丸
（直径3.52cm，重量65.0g）
山东聊城出土

宋元 黑胎陶瓷捶丸（渗碳工艺）
（直径4.29cm，重量80.0g）
河南鲁山出土

图5-13 不同胎色的陶瓷捶丸

二、化妆土与色料装饰

（一）化妆土装饰

在陶瓷生产工艺中，化妆土的应用具有光洁胎体、覆盖胎色、提高釉面色泽等多重作用，可见化妆土具有功能优化的实用性和装饰性的双重属性。广义上，新石器时代陶器上的陶衣可视为化妆土的早期应用。陶衣也叫色衣，常见颜色有白、红、棕等，其颜色主要取决于其中作为呈色成分的各种金属氧化物的含量以及烧成气氛。氧化铁是红和棕色陶衣的主要呈色剂，而白色陶衣则通常是由配入熔剂的瓷土制成。仰韶文化时期的彩陶较多地施用了陶衣，主要目的是使陶器表面更加光洁美观，便于使用。[1]关于瓷器上使用化妆土的时间问题，以往认为是西晋时期浙江婺州窑的一项创新，但新的研究表明，江西的洪州窑在更早的三国吴时期就开始使用化妆土。[2]瓷器化妆土技术的出现，使各窑口制瓷原材料的获取实现了就地取材。通过化妆土遮盖胎质的缺陷，从而扩大了瓷器生产原材料的选择范围，打破了窑口位置受优质制瓷原料产地束缚的局限，使得窑址选择条件更加宽松，一定程度上促进了古代制瓷业的发展。

早期陶瓷捶丸采用粗质泥料制成。粗质泥料中含有较多的细小砂粒，导致制成的球体表面粗糙、胎质粗松，在击打或磕碰时表面容易脱落碎屑，这极大地限制了陶瓷捶丸的使用功能和寿命。为解决这一问题，瓷器化妆土技术被应用于陶瓷捶丸的生产中。化妆土不仅能光洁胎体、遮盖胎色，还能衬托表面彩绘和肌理装饰的效果。化妆土在陶瓷捶丸表面形成一层细腻致密的保护层，可提升球体的物理性能。坚圆净滑的陶瓷捶丸在贴地滚动时更加平顺，有助于捶丸者打出更加精彩的比赛。

图 5-14 中的陶瓷捶丸表面覆盖着一层

图 5-14　宋 化妆土装饰陶瓷捶丸
（直径 2.05cm，重量 8.5g）
山东聊城出土

醇厚细腻的白色化妆土，这层化妆土遮盖了 Fe_2O_3 含量较高的砖红色胎体。胎体内的较多细小颗粒和杂质坑点被有效掩饰，同时表面硬度也得到了提升。化妆土工艺的应用，使得陶瓷捶丸的生产可以选用粗质或金属氧化物含量较高的泥料，既提高了产品质量，又控制了生产成本。需注意的是，白色化妆土的成分与球丸胎体成分不同，两者的烧结收缩率也有所差异。这种差异可能导致化妆土与胎体烧结不紧密，使得陶瓷捶丸在使用过程中化妆土层脱落（图 5-15）。综合来看，化妆土工艺的施用效果受原材料成分、施用厚度、收缩率、烧结程度等诸多因素的影响。在宋元明时期，陶瓷捶丸化妆土工艺的施用需要匠人具备十分丰富的经验。

（二）色料装饰

色彩装饰作为古老的艺术形式，是人类把握时空、传递信息与表达情感的重要手段。矿

① 中国硅酸盐学会. 中国陶瓷史. 北京：文物出版社，1982：39.
② 秦大树. 瓷器化妆土工艺的产生与发展. 华夏考古，2018（1）：58-74.

宋元 化妆土装饰陶瓷捶丸
（直径2.79cm，重量22.5g）
湖北随州出土

宋元 化妆土装饰陶瓷捶丸
（直径2.42cm，重量15.0g）
河南禹州出土

明 化妆土装饰陶瓷捶丸
（直径3.10cm，重量41.0g）
江苏南京出土

宋元 化妆土装饰陶瓷捶丸
（直径3.32cm，重量36.5g）
湖北随州出土

图5-15 宋元明时期陶瓷捶丸化妆土脱落情况

物色料则是人类古代装饰活动中主要的材料之一。早在旧石器时代，人们就已经使用矿物颜料在岩壁上进行绘画、装扮身体、装饰生活空间。彩陶上变化丰富的几何纹饰装饰图案，是古人成熟应用矿物色料进行器物装饰的具体表现。我国两汉时期的墓室壁画，六朝隋唐时期的石窟壁画和青绿山水绘画，宋朝以后的彩瓷装饰，以及欧洲中世纪的干湿壁画与16世纪后的油画颜料，都依赖于矿物色料。因此，可以说中西方艺术史的发展均离不开矿物色料的重要支撑。

《封氏闻见记·打球》中提及"彩画木球"[1]，《金史·卷三十五》中也有"球状小如拳，以轻韧木枵其中而朱之"[2]的记载。当时流行的木球涂装在陶瓷捶丸的生产中也得到了延续。古代陶瓷捶丸中，有一定数量采用了红、绿彩装饰。红、绿两色在捶丸比赛中似乎起着区别比赛双方的作用，即作为比赛或击球者的标识色。依据《丸经·崇古章》中"方欺

① 封演撰. 封氏闻见记校注. 赵贞信校注. 北京：中华书局，2005：54.
② 脱脱等撰. 金史·三（志）. 北京：中华书局，1975：827.

苟瞒。有等人，场上引着十余伴当，将一般颜色球儿打在死处，却放一个在好处，做活球"[1] 的记述，有些人指示自己的伴当弄虚作假，在场上用同样颜色的球把自己打的死球换到活处。可见，"一般颜色球儿"一语证实了捶丸用球在当时确实有颜色上的区分。

在陶瓷捶丸装饰的探索方面，古代工匠会在球丸胎体表面涂绘矿物色料，然后经过700—800℃的低温焙烤，使色料固着在球体表面。这一温度区间恰好也满足陶瓷泥坯素烧的要求。从生产的经济性角度考虑，当时涂装色料的陶瓷捶丸焙烤极有可能与陶瓷器物坯件的素烧在同一窑中进行，并且这种焙烤和素烧同窑进行的方式至今仍存在于中国一些瓷区。不过由于在这一温度区间下色料仅是烧结于陶瓷捶丸体表面，并未完全渗透到胎体内部，经历一段时间的使用磨损和侵蚀后，球体表面的色料涂层易出现不同程度的褪色甚至剥落。

红色在我国传统文化中意蕴深厚，与生命和自然密切相关。史前时代，祖先就对红色充满敬畏与崇拜，赋予其生命的图腾意味。春秋战国时期，色彩内涵被进一步规定。《尚书今古文注疏》记有"考工记：画缋之事，杂五色；东方谓之青，南方谓之赤，西方谓之白，北方谓之黑，天谓之玄，地谓之黄"[2]，将红色规定为"五色"之一，即传统五种正色之一。《说文解字注》解"丹"为"巴越之赤石也"[3]，指明了红色颜料的来源。《四书章句集注》载"周人尚赤，牲用骍"[4]。可见，红色包含明确的礼制规范，是统治阶级尊贵的象征。对红色的喜好与追求源远流长，广泛存在于生活与生产领域。在陶瓷艺术领域，唐代以后随着制瓷工艺的精进，对红色瓷器的追求更为突出。宋代钧瓷窑变色釉灿若晚霞，元代釉里红和铜红釉如秋枣般色调深沉，明代宣德红釉浓艳如宝石，清前期郎窑红猩红如血……红色瓷器的生产甚

至成为不同历史时期制瓷技术水平的代表。

古代陶瓷捶丸红色颜料的呈色剂主要为矾红，矾红是通过煅烧青矾（主要成分为$FeSO_4 \cdot 7H_2O$）制得的红色氧化物（主要是Fe_2O_3）。矾红的制法是将青矾晒干脱去结晶水，变成白色粉末后，放入坩埚中在大约700℃的温度下加热煅烧，至料粉呈鲜艳赤红时取出，再经清水多次沉降漂洗，除去杂质、粗渣和可溶性盐，最终得到生矾红料。[5]陶瓷捶丸表面装饰的矾红色料可以达到鲜艳夺目的程度，色料用量减少时红色随之减淡（图5-16）。通常情况下，矾红矿料在应用前还需加入黏合剂（牛皮胶或蛋清液）、助熔剂（铅、钾、钠、钙等）和水等添加物，形成可以涂刷在陶瓷捶丸表面的湿料。我国部分窑口有直接

图5-16 明 红彩陶瓷捶丸
（直径3.15cm，重量35.5g）
江苏苏州出土

① 刘秉果，张生平．捶丸：中国古代的高尔夫球．上海：上海古籍出版社，2005：49-50.

② 孙星衍撰．尚书今古文注疏．陈抗，盛冬铃点校．北京：中华书局，2004：102.

③ 许慎．说文解字注．段玉裁注．上海：上海古籍出版社，1981：215.

④ 朱熹撰．四书章句集注．北京：中华书局，2011：83.

⑤ 李家治．中国科学技术史·陶瓷卷．北京：科学出版社，1998：478.

将赤铁矿物（主要成分为 Fe_2O_3）研磨成粉作为色料的做法，加水拌成湿料，在陶瓷捶丸胎体上匀涂一层。图 5-17 中陶瓷捶丸表面涂刷有浅红色料，凹坑积料处显深黑色，黑色凸点是胎体中熔融金属氧化物的析出，凹凸不平的坑点形成鹧鸪斑状肌理，呈现出独特的装饰艺术效果。

关于青绿，《论语注疏》记有"青是东方正，绿是东方间"[1]，指明绿色具有青色间色的性质，包含于青色之中。青绿还衍生出碧绿、青碧、翡翠色、卵青、蟹壳青、鸦青等不同的色调。绿色同样有着丰厚的文化意蕴，广泛存在于中国古代生产生活中。商周时期的青铜器、战国琉璃珠、汉代的铅绿釉陶、六朝的绿沉漆、宋元时期的孔雀绿釉器、明清时期的绿彩陶瓷捶丸等，均以绿彩相尚。足见绿色装饰在我国古代工艺美术中的艺术文化价值。

古代陶瓷捶丸表面绿色色料的呈色剂主要为石绿（孔雀石），其主要化学成分为 $Cu_2(CO_3)(OH)_2$，这种矿石韧性差，非常易于粉碎研磨，常被作为绘画颜料使用。20 世纪 70 年代末发掘的山西襄汾陶寺遗址中出土了大批陶器、石器、玉器、骨器、木器，部分陶器表面施加彩绘，彩绘有红、绿、白、黄等色。

经分析，这些彩绘颜料主要是朱砂、方解石、孔雀石、黄磷铁矿、蒙脱石等天然矿物，少量赭色颜料则可能是赤铁矿粉末。[2]这些出土的彩绘陶器表明，早在史前时期人类就已掌握了粉碎研磨矿物制作颜料的方法，并能够将其成熟地应用于陶器装饰。古代陶瓷捶丸绿色涂装（图 5-18）受到当时陶瓷器皿绿彩装饰的影响，其表面绿色的浓淡深浅主要是各地区石绿矿物成分和添加物的差异、涂刷色料厚薄等因素所致。

古代陶瓷捶丸表面绿色料的呈色剂还含有部分蓝铜矿（石青），其主要化学成分为 $Cu_3(CO_3)_2(OH)_2$，是一种碱性铜碳酸盐矿物。蓝铜矿石呈幽蓝绿色，有玻璃质感。湖北是我国蓝铜矿的主要产地，古代常将其作为铜矿石提炼铜或蓝色颜料。汉阳陵出土的彩绘陶俑全身彩绘，着色逼真。研究人员在三义村、杨家湾、茂陵、汉阳陵的古代彩绘陶器内壁表面选取较为纯净的颜料，通过科学分析获取了彩绘

---

① 阮元校刻. 十三经注疏（清嘉庆刊本）·五. 北京：中华书局，2009: 5487.
② 李敏生，黄素英，李虎侯. 陶寺遗址陶器和木器上彩绘颜料鉴定. 考古，1994 (9): 849-857, 824.

图 5-17 明 铁红斑陶瓷捶丸
（直径 3.15cm，重量 36.5g）
江苏南京出土

图 5-18 明 绿彩陶瓷捶丸
（直径 3.29cm，重量 42.5g）
河北邯郸出土

原料方面的信息。例如，分析出红色成分多为铁红或赤铁矿，蓝色成分为石青。[①]这种色料装饰对后世的陶瓷发展影响深远，不仅影响了汉代铅绿釉和隋唐低温釉，还深刻影响了古代陶瓷捶丸的蓝绿色料涂装工艺。

烧制工艺方面，陶瓷捶丸需先高温烧成本体，再低温焙烧表面色料，共两道烧制工序。两次烧制无疑大大增加了陶瓷捶丸的生产成本和不合格品率。为了控制不合格品率、提高效益，色料涂装前要先甄选陶瓷捶丸，只有质量合格的陶瓷捶丸才会被涂装色料。

艺术文化方面，红色和绿色互为补充、相辅相成，共同汇成中华传统文化体系中有关祥瑞、吉庆、富贵等重要意涵。诸如两汉漆器工艺中的红色装饰、汉绿釉陶器，染织工艺中的红色与绿色丝织品，六朝隋唐青瓷、琉璃器中的青绿色系及唐三彩，宋金元红绿彩、钧红釉，明代以后彩瓷中的青、蓝、绿色图案纹饰等，均是我国传统文化意涵的重要表征。并且，从色彩的科学角度考察，红与绿的对比调和关系、互为补色关系、冷暖对比关系，使得红绿色彩极具视觉艺术效果，达到了极俗而雅的境地。

（三）素面磨光

鱼玄机在《咏球作》中用"坚圆净滑一星流，月杖争敲未拟休"描述了月杖击球运动的情形。"坚圆净滑"是对球体形态和质地的表述，"一星流"则是对球体击飞状态的艺术夸张。古代陶瓷捶丸的制作和特征，与鱼玄机对球"坚圆净滑"的描述基本相吻合。而且，"净滑"的效果并非完全出于艺术夸张，因为相当数量的陶瓷捶丸在制作过程中，都额外增添了一道工序——素面磨光。

素面磨光工艺源自新石器时代的石器生产。这一工艺不仅提升了石器的效能，还赋予了其审美价值，成为区分新旧石器时代的主要标志之一。随后，这一工艺在玉器加工中得到

了普遍应用，甚至成为人类技术发展史上的里程碑。随着时间的推移，素面磨光工艺逐渐从石器和玉器加工延伸到陶器、木艺、金工、琉璃等其他工艺门类，极大地拓展了工艺美术品的加工技术。在陶器加工方面，素面磨光工艺的突出代表是龙山文化时期的细泥黑陶。以山东博物馆藏的龙山文化蛋壳黑陶杯为例，该器物由两部分套合而成，采用轮制技术制作，器壁薄如蛋壳，表面乌黑光亮。黑陶杯的素面磨光工艺是在陶坯潮湿时利用光滑的竹片、骨片、鹅卵石或兽皮等工具反复压抹，使湿坯表面逐渐变得致密，反光微粒排列逐渐有序，从而使坯体上的漫反射转变为较大程度的平行反射，形成表面光滑发亮的质感。这一工艺丰富了陶器的装饰形式，并在我国的陶瓷发展史中得以传承，至今仍在江苏宜兴紫砂陶、云南建水紫陶、广西钦州坭兴陶、四川荣昌陶和藏族黑陶的胎体装饰中应用。

采用素面磨光工艺的古代陶瓷捶丸大致有本色胎和渗碳胎两类。本色胎指的是烧成后自然呈色的胎体。渗碳胎则应用了渗碳工艺，即烧制最后一个阶段在窑中添入大量柴草谷壳，然后封闭窑炉使燃料焖烧而产生大量浓烟碳素，碳素渗入捶丸胎体后使其表面呈黑色。研究表明，300—1000℃的温度范围内存在多种不同的渗碳作用。黑陶的墨黑颜色主要是在630℃以下，黏土矿物结构被破坏之前，通过黏土矿物的吸附作用、黏土 – 有机复合体的形成及部分氧化所形成的。[②]

图 5-19 中的球体切面非常直观地显示了胎体的渗碳程度：胎体表层已变为炭黑色，由表层向内部黑色逐渐减淡，内部深处仍为土黄

① 容波，兰德省，王亮等．咸阳地区出土汉代彩绘陶器表面颜料的科学研究．文博，2009(6): 266-268.
② 刘鹏．黑陶渗碳机理研究．硅酸盐通报，1992(5): 20-26.

图 5-19 宋元明 陶瓷捶丸残件（渗碳工艺）
（直径 4.36cm，重量 52.5g）
河南郏县出土

色本色胎。这说明渗碳工艺虽可实现陶瓷捶丸表面的炭黑化，但难以改变其整体的胎色。胎体断面显示，制作泥料较为粗糙，伴有大量孔隙，且胎质由里及表逐渐变得紧实细腻。这种现象主要与成型方式和磨光工艺有关。工匠通过工具反复压磨坯体，显著改变了坯体表层与近表层细微颗粒的排列结构，使其更加紧实致密。陶瓷捶丸的磨光工艺除烧制之前的湿坯磨光外，还包括烧成后的砂浆研磨和皮革抛光。这些磨光手段均能使陶瓷捶丸达到"坚圆净滑"的效果，从而提升其性能与美感。受胎体中金属氧化物成分、含量的差异和烧成气氛的影响，陶瓷捶丸本色胎胎体颜色呈现出明显的区别（图 5-20）。渗碳胎的色调主要受胎体致密程度、渗碳过程和磨光程度的影响，胎体颜色呈现不同程度的黑色，但色差不及本色胎明显。

宋 素面磨光陶瓷捶丸
（直径 5.21cm，重量 158.0g）
河南汝州出土

明 素面磨光陶瓷捶丸
（直径 5.15cm，重量 242.0g）
江苏南京出土

宋元 素面磨光陶瓷捶丸
（直径 3.48cm，重量 45.5g）
河南洛阳出土

宋元 素面磨光陶瓷捶丸
（直径 3.97cm，重量 67.4g）
河南鲁山段店窑遗址出土

宋元 素面磨光陶瓷捶丸
（直径 5.45cm，重量 185.5g）
河南宝丰清凉寺汝官窑遗址出土

宋元 素面磨光陶瓷捶丸
（直径 4.29cm，重量 80.0g）
河南鲁山段店窑遗址出土

宋元 素面磨光陶瓷捶丸
（直径 2.07cm，重量 13.0g）
山东聊城出土

宋元 素面磨光陶瓷捶丸
（直径 2.51cm，重量 22.5g）
山东聊城出土

图 5-20　素面磨光陶瓷捶丸

三、胎体肌理装饰

作为传递感知觉信息的物质媒介，肌理是艺术创作中承载文化记忆与审美经验的独特语言。在陶瓷装饰艺术领域，肌理的生成、演化与器物本体共生，其发展轨迹深刻反映了人类造物思维从功能理性向审美自觉的转变。史前陶工拍打泥胎以强化器壁，这一实用行为无意间开启了肌理装饰的先河。工具与陶土间的压印产生了绳纹、篮纹，指甲划过坯体形成了弦纹，陶轮旋转则留下了螺旋纹。这些最初源于制作痕迹的肌理，逐渐发展成为陶器装饰中秩序化、韵律化甚至图案化的视觉元素。至新石器时代晚期，陶器肌理装饰已形成拍印、刻划、堆贴、镂空等系统化技法，标志着陶瓷肌理从技术副产品到文化符号的升华。

随着时代的发展，陶瓷肌理装饰工艺日益精进，肌理表现形式也不断推陈出新。陶瓷肌理艺术的演进过程，可以说是科学技术与文化艺术相互交融的文明见证。六朝时期南方青瓷器皿上的刻画与贴塑装饰，隋唐白瓷和青瓷器表的模塑印花、贴花装饰及绞胎、绞釉、复合釉装饰，宋代定窑与耀州窑的刻划花装饰等，这些肌理艺术对陶瓷捶丸制作产生了深远影响，成为其重要的装饰语言。更需要强调的是，古代陶瓷捶丸表面的各类肌理，不仅是单纯的装饰，还与其制造工艺、实用功能、应用场景等一系列现实条件密切关联。

（一）绞胎

绞胎是唐代制瓷工匠在胎体装饰方面的新创，并对后世制瓷产生了深远影响，至今仍是陶瓷胎体装饰的独特代表。所谓绞胎，即将两种或两种以上色调的泥料糅合，使胎体呈现多色相间纹理。陕西与河南唐墓曾出土过绞胎器物，有杯、碗、三足小盘、长方形小枕等。[①]

其中，陕西乾县唐懿德太子墓出土的绞胎釉陶狩猎骑马俑是唐代绞胎艺术成就的杰出代表。骑马人物右手擎鹰，左手作喂食逗鹰状，神情放松，马背上搭置的猎物表明这是贵族的一次狩猎活动。骑马俑的制作是用绞胎泥料贴敷于陶胎之上，再施低温铅釉烧制而成，其工艺复杂，制作难度大大超过同时期碗盘类器皿，开拓了绞胎工艺的表现形式。宋代绞胎工艺在唐代基础上进一步发展，生产规模扩大，品种增多，绞胎花纹更加变化多端。河南、河北和山东等地均有绞胎瓷器生产，其中河南焦作当阳峪窑的生产数量最多，最具代表性。受绞胎瓷器影响，宋元时期的陶瓷捶丸制作也采用了绞胎工艺。绞胎陶瓷捶丸具有经济性、便捷性和观赏性，贴地滚动时花纹呈现瑰奇变幻的视觉效果，增添了运动的趣味性。绞胎陶瓷捶丸的肌理与犀皮漆器、融合玻璃在工艺上有共通之处，都体现了色彩交融与对比的审美价值。古代绞胎陶瓷捶丸与罗马帝国早期的夹金玻璃瓶、东汉时期的缠丝纹长颈玻璃瓶、明晚期的犀皮漆小方角柜在装饰特征上相似，反映了不同时代、不同地域和不同民族对肌理美感的追求和艺术成就。

1. 绞胎陶瓷捶丸的用途

目前，有关此类绞胎陶瓷捶丸的用途，还存在争议。杨静荣先生在《谈陶瓷装饰工艺——绞胎》一文中谈到，宋代"盛行的一种体育用品——马球，产量很大。宋、金时期生产绞胎陶瓷器的窑址几乎均生产绞胎陶瓷马球。马球体积不大，直径约一寸，用黑白二色瓷泥绞制而成，素胎无釉"[②]。不过，杨静荣对宋金时期"绞胎陶瓷马球"的表述及其用途的观点值

---

① 中国硅酸盐学会. 中国陶瓷史. 北京：文物出版社，1982: 213.

② 杨静荣. 谈陶瓷装饰工艺——绞胎. 故宫博物院刊，1986 (4): 36-39, 48, 98.

得进一步商榷，杨静荣提到的陶瓷马球多数应为步打球或捶丸用球，这种判断主要依据有三。

第一，陶瓷球伤人损马。据《封氏闻见记·打球》载唐太宗说"朕已焚此球以自诫"，又载"然马或奔逸，时致伤毙"。[1]依据文献中"然马或奔逸"可判定该运动为马球，文中记载马球"可焚"，推断当时的马球材质或为木、皮革质，而非陶瓷。

现代马球球速可高达140mph（约225km/h），取其近似值200km/h（约54m/s）。直径一寸（约3.30cm）的陶瓷球，平均重约50g（0.05kg）。将陶瓷球视为刚性球，马腿视为柔性接触面，但膝关节以下部位皮下脂肪和肌肉层较薄。球撞击马腿时间约为20ms（0.02s），此时间内能达到较高响应，之后球速可视为降至0。依据公式$F=MV/T$，计算得$F=(54 \times 0.05)/0.02=135N$，即力为135N。球击中马腿的接触面积，根据上文1寸球大小，拟定为半枚一元硬币大小，约2.50cm^2（0.000 25m^2）。依据公式$P=F/S$，计算得$P=135/0.000\,25=540\,000Pa$，即0.54MPa，表示135N的力作用在半个硬币大小的马小腿上。动能E可换算为$0.5MV^2$，计算得$E=0.5 \times 0.05 \times 54^2=72.9J$。考虑到接触面积和瞬间作用力，陶瓷球击打到马腿上产生的70J以上破坏力是相当大的。

第二，陶瓷球尺寸不适用于马球运动。杨静荣提到绞胎陶瓷马球"直径约一寸"，相较于有关研究资料中马球"球状小如拳"（成年男子的掌宽约8.10cm）的尺寸明显偏小。对于骑马疾驰的马球选手而言，使用这类相对较小的球体，很难精准且高质量地完成击打动作。现代通用的马球直径大约10.00cm，远大于绞胎陶瓷马球的尺寸。但这种绞胎陶瓷球"球大如鸡卵"（约中心直径3.50cm、高5.50cm），尺寸恰好适合无马参与且对抗不激烈的捶丸运动。

第三，陶瓷球与其他出土陶瓷捶丸相似。张天琚先生在《从出土捶丸谈古代四川的马球、步打球和捶丸运动》一文中展示了一些出土的古代陶瓷球遗存图片，并认为它们是捶丸用球。[2]他在文中讨论的陶瓷球直径约为2.25cm，其规格与杨静荣提到的绞胎陶瓷马球尺寸接近。

综上所述，杨静荣所指绞胎陶瓷马球并非马球用球，更大可能是捶丸用球。

2. 绞胎陶瓷捶丸的工艺

古代绞胎陶瓷捶丸中有"全绞胎"和"半绞胎"之分。所谓全绞胎是指整个坯体是由两种不同深浅的色泥制作而成，其特点是通体有绞胎纹理（图5-21）；半绞胎指的是坯体分"皮"与"肉"，是由表面的绞胎纹理层和内部的素色层两部分构成（图5-22）。[3]宋元陶瓷捶丸多属于半绞胎类型，绞胎纹理以木（石）纹居多。出土标本中有一件半绞胎捶丸采用了纹理拼接手法（图5-23），这种手法多见于唐宋时期绞胎陶瓷器皿制作，采用此种工艺制作陶瓷捶丸的却十分少见。

半绞胎陶瓷捶丸是工匠们为节省绞胎泥料，巧妙利用内外泥料成分与密度的差异，以缓和球丸坯体在干燥和烧制过程中的收缩应力，从而降低坯体破裂几率的创新成果。在手工团揉过程中，由于手掌与绞胎湿泥料的持续摩擦，绞胎纹理可能会变得模糊，因此需要待坯体完全干燥后进行适度打磨，才能显现出清晰鲜明的绞胎纹理。通常，工匠们会采用细腻绞胎泥料与粗制泥料相结合的方法（图5-24）。

① 封演撰. 封氏闻见记校注. 赵贞信校注. 北京：中华书局，2005: 53.

② 张天琚. 从出土捶丸谈古代四川的马球、步打球和捶丸运动. 收藏界，2008(7): 101-103.

③ 郭强. 唐代陶瓷绞胎工艺考辨. 中国陶瓷，2016(9): 115-124.

图 5-21　宋元　全绞胎陶瓷捶丸（残件）
（直径 4.22cm，重量 59.2g）
河南鲁山段店窑遗址出土

图 5-22　宋元　半绞胎陶瓷捶丸（残件）
（直径 5.05cm，重量 108.0g）
山东聊城出土

图 5-23　宋　半绞胎陶瓷捶丸（纹理拼接，残件）
（直径 4.31cm，重量 30.5g）
河南汝州出土

图 5-24　宋 绞胎陶瓷捶丸（残件）
（直径 5.04cm，重量 102.0g）
河北大名古城出土

这种方法虽不能确保外层绞胎泥料厚度的绝对均匀，却是一种经济实用的工艺。在绞胎工艺的探索过程中，工匠们甚至尝试了将易熔黏土（或釉料）与泥料混合绞制的方法，只是这种方法存在较大不确定性，因而较少应用。图 5-25 中绞胎球的黑褐色部分是易熔黏土（或釉料），可见在高温烧制过程中，这些易熔成分会熔融并被挤出球体，导致陶瓷捶丸烧成失败。此件标本表明，想要取得理想的泥釉混绞效果，材料的选择和烧成温度的精准把控十分关键，是对陶瓷捶丸生产的原材料加工—成型—烧成全过程的集中考验。

　　全绞胎陶瓷捶丸的制作数量远低于半绞胎，这主要是因为其生产成本较高，同时工艺难度也是不可忽视的制约因素。在常见的绞胎陶瓷捶丸中，白褐两色泥料的成分存在差异，导致它们的收缩率不尽相同。采用全绞胎工艺会使绞胎泥料纹理处出现收缩缝隙的风险大大增加，严重时甚至可能造成球体开裂。

图 5-25　宋 绞胎陶瓷捶丸
（直径 5.65cm，重量 176.0g）
河南禹州扒村窑遗址出土

　　泥料的收缩率包含生坯干燥收缩和烧成收缩两部分。陶瓷胎体收缩率的测定，以胎体直线长度和体积的变化数值为标准，这一数值可通过测量胎体收缩情况来获得。生坯干燥收缩直接影响绞胎捶丸坯体的结构。当两种或两种以上泥料的收缩率超出临界值时，拉力不均会导致生坯产生空隙。烧成收缩则对绞胎球丸的烧结过程产生直接影响。烧制过程中胎体内发生的一系列物理化学变化，决定着陶瓷捶丸的烧成质量。胎体的收缩情况受成分组成、含水量、熔融程度、烧成气氛和温度等多种因素影响。细颗粒泥料及长形纤维状粒子的收缩比率较大，泥料矿物组成与其收缩的关系如表 5-2 所示。绞胎陶瓷捶丸的烧制涉及多种泥料之间的熔融结合。若烧结收缩率差异过大，会导致胎体出现"内伤"，表现为胎体内部出现缝隙或空腔，直接影响绞胎陶瓷捶丸的抗击性能。

表 5-2　各类泥料的收缩比率* 　　　　　　　　单位：%

线收缩	泥料			
	高岭石类	伊利石类	蒙脱石类	叙永石类
干燥收缩	3—10	4—11	12—23	7—15
烧成收缩	2—17	9—15	6—10	8—12

*马铁成.陶瓷工艺学（第二版）.北京：中国轻工业出版社，2011: 36.

图 5-21 中的捶丸内部纹理处出现细长裂纹，此种裂纹很大程度上是由两种泥料收缩率的差异所致。因多种泥料用量增加，全绞胎出现此类裂纹的几率明显大于半绞胎。半绞胎陶瓷捶丸多呈泥料颗粒外细内粗结构，烧制时外部泥料烧成收缩率通常大于内胎，产生由外及内的挤压应力，使胎体趋向致密。这是半绞胎陶瓷捶丸生产量较多的重要因素之一。由此可见，工艺的可行性是决定不同绞胎类型陶瓷捶丸生产数量的关键。

绞胎陶瓷捶丸色调的白褐色差与泥料中金属化合物的含量有关。Fe_2O_3、MnO_2、CuO 等是褐色泥料的主要呈色剂，不同比例的金属氧化物决定着泥料的深浅变化，尤其是绞胎泥料中 Fe_2O_3 的含量在褐色部分的发色中起主导作用。Fe_2O_3 作为陶瓷生产的重要原料历史悠久，既是上古陶器陶衣和彩绘的主要成分，也是中古时期瓷器黑釉、酱釉和青釉的重要呈色剂。在泥料加工中"除铁"是一道关键工序，旨在降低铁含量，提高瓷胎白度和烧成温度。可以说，整个陶瓷史的发展始终贯穿着如何处理和利用 Fe_2O_3 这一工艺技术线索。

陶瓷绞胎工艺早期以木（石）纹为主，纹理线条有细密与疏朗之分。细密者如瘿木纹理，质朴自然；疏朗者似大理石纹路，行云流水，妙趣横生。唐代中后期，绞胎工艺渐趋成熟，突破了单纯木（石）纹的形式，装饰图案趋向秩序化。如同唐宋三彩吸收染缬工艺所形成的秩序与华丽的图案组织，二方连续或四方连续的图案组织、几何纹及秩序化的构图开始被应用于绞胎枕、碗盘类器皿甚至陶瓷捶丸之上。苏州博物馆藏的唐代巩县窑绞胎花枕和南越王博物院藏北宋时期巩县窑黄釉绞胎印花如意形枕，均是唐宋陶瓷绞胎工艺的杰出代表。宋金元代，绞胎工艺在陶瓷捶丸生产中广泛应用。绞胎陶瓷捶丸的制作相对绞胎陶瓷器皿更为简便，纹理以木（石）纹为主，淳朴自然的制作手法却赋予了其生动气韵和宛若天成的材料质感与色彩美感（图 5-26）。

宋 绞胎陶瓷捶丸
（直径 5.90cm，重量 212.5g）
山东聊城出土

宋 绞胎陶瓷捶丸
（直径 4.41cm，重量 97.5g）
江苏南京出土

宋元 绞胎陶瓷捶丸
（直径 4.45cm，重量 96.5g）
河南禹州扒村窑遗址出土

宋元 绞胎陶瓷捶丸
（直径 4.85cm，重量 127.5g）
河南禹州扒村窑遗址出土

宋元 绞胎陶瓷捶丸
（直径 4.87cm，重量 122.5g）
河南禹州扒村窑遗址出土

宋元 绞胎陶瓷捶丸
（直径 5.91cm，重量 222.5g）
河南禹州扒村窑遗址出土

宋元 绞胎陶瓷捶丸
（直径 5.90cm，重量 225.0g）
河南禹州扒村窑遗址出土

宋元 绞胎陶瓷捶丸
（直径 4.91cm，重量 133.5g）
河南禹州扒村窑遗址出土

宋元 绞胎陶瓷捶丸
（直径 4.56cm，重量 93.5g）
山东聊城出土

宋元 绞胎陶瓷捶丸
（直径 4.12cm，重量 70.0g）
山东聊城出土

宋元 绞胎陶瓷捶丸
（直径 4.72cm，重量 117.0g）
山东聊城出土

宋元 绞胎陶瓷捶丸
（直径 4.59cm，重量 101.5g）
山东聊城出土

宋元 绞胎陶瓷捶丸
（直径 4.32cm，重量 81.0g）
山东聊城出土

宋元 绞胎陶瓷捶丸
（直径 4.07cm，重量 81.0g）
山东聊城出土

宋元　绞胎陶瓷捶丸
（直径 6.51cm，重量 273.0g）
河南禹州扒村窑遗址出土

宋明　绞胎陶瓷捶丸
（直径 4.47cm，重量 102.0g）
山东淄博出土

宋明　绞胎陶瓷捶丸
（直径 4.59cm，重量 111.0g）
山东淄博出土

宋明　绞胎陶瓷捶丸
（直径 4.50cm，重量 99.0g）
山东淄博出土

宋元　绞胎陶瓷捶丸
（直径 5.89cm，重量 221.5g）
河南鲁山段店窑遗址出土

宋元　绞胎陶瓷捶丸
（直径 6.11cm，重量 187.0g）
河南鹤壁集窑遗址出土

（二）戳印

对江西仙人洞的研究证明，在东亚地区，陶器在农业出现以前一万年甚至更早就被制造和使用了，从仙人洞出土的陶片看有些表面出现了绳纹。[①] 除拍印和压印绳纹外，戳印也是史前时代陶器胎体装饰的一种技法。新石器时代至先秦时期的陶器与原始瓷器上，常见指甲纹、圆点纹、三角纹等戳印纹饰。戳印工艺发展早期工具极为简单，甚至工匠的指甲也可作为戳印的工具，如半坡文化遗址出土的指甲纹陶壶就是匠人利用指甲进行戳印装饰。

常州博物馆藏有一件春秋时期的原始青瓷簋，其腹部戳印有三角纹，保留了早期戳印工艺随性、率真的特点。六朝至隋唐时期，戳印工艺逐渐成熟，戳印工具得到改良，戳印纹饰也呈现出明显的规律性和统一性，以圆圈纹和花卉纹为主，其中圆圈纹在三国两晋南北朝时期的陶瓷装饰中得到了大量应用。湖北省博物馆藏西晋时期的青瓷人骑狮烛台，胡人衣服上

戳印圆圈纹，丰富了胡人衣物的质感，使人物形象更加生动。同时期越窑系生产的青釉双系罐（图5-27），肩部戳印两圈圆圈纹，比单纯的弦纹更显精巧，富有装饰意味。宋元时期，刻、划、绘花装饰兴起，戳印工艺逐渐式微。明清时期，陶瓷装饰工艺种类丰富多样，包括戳印工艺在内的胎上肌理装饰已让位于色釉和彩绘装饰，采用戳印装饰的陶瓷器物愈发少见。

戳印装饰以手法简便为特点，其肌理图案产生的秩序与节奏赋予人强烈的形式美感。这种富于形式美的工艺在唐代金银器艺术中熠熠生辉。金银器上的錾胎"鱼子地"或"珍珠地"纹路，是用圆头錾刀在器表錾出细密有序的小圆圈，形同鱼子，是盛唐时期金银器的典型装饰手法之一（图5-28）。此工艺虽费时费工，

[①] 吴小红,张弛,保罗·格德伯格等.江西仙人洞遗址两万年前陶器的年代研究.南方文物,2012(3): 1-6.

图 5-27 西晋 青釉双系罐
（高 23.80cm，口径 21.40cm，足径 13.70cm）
故宫博物院藏

图 5-28 唐 鎏金仕女狩猎纹八瓣银杯
（高 5.40cm，口径 9.20cm，
足径 4.20cm，重量 209.0g）
陕西历史博物馆藏

却能使器物表面细弱的植物、鸟兽、人物纹样图案更加凸显。[1]唐代金银器品种丰富，纹饰精美，在贵族阶级和商贸往来中甚为流行，部分造型与装饰还吸收了波斯萨珊王朝风格，进一步促进了金银器工艺的繁荣发展，使唐朝成为我国金银器发展的鼎盛时期。

金银矿产资源相对稀缺，产量有限且生产成本高昂，因此金银器成为贵族身份和财富的象征，无法真正大量进入寻常百姓家。但随着制瓷工艺的成熟，瓷器因其产量大、材料成本低廉、资源丰富、质地温润、清洁卫生、造型灵活多变，逐渐为百姓所用所爱，形成了各种审美风尚，展现出生活化和世俗化的属性。仿金银器造型与装饰的瓷器在唐代及后世大量涌现，金银器的审美特征也随之转移到瓷器上。

陶瓷珍珠地工艺或源自对金银器錾胎工艺的模仿。唐代河南密县西关窑创烧了珍珠地瓷器，其典型装饰手法为戳印"珍珠地"。戳印与化妆土结合的装饰手法，是陶瓷肌理装饰工艺的重要创新。陶瓷肌理装饰在吸收金银器錾胎工艺后，先在坯体表层施一层白色化妆土，再用专门工具在化妆土层戳印形如珍珠的小圆圈，戳印处露出深色底胎，与化妆土形成鲜明对比，圆圈纹似珍珠密布，故名"珍珠地"。为增强装饰效果，珍珠地戳印常与刻画图案相结合，先在坯体上刻画主题图案，然后在图案周边戳印珍珠地作为边饰辅纹。例如，新密市博物馆藏的唐代珍珠地卧羊瓷枕，枕面中心刻画卧羊图案，周围戳印细密珍珠纹以凸显主题图案，豆形枕侧面戳印圆圈与花卉（似抽象宝相花纹）组成四方连续图案，增添了秩序美感，充分展现了珍珠地戳印装饰的艺术魅力。

唐宋时期，瓷器珍珠地刻划花工艺的流行对陶瓷捶丸戳印工艺产生了深刻影响。与瓷器装饰相类似，匠人们利用中空或实心的硬质工具，如竹签、木签或金属管，在陶瓷捶丸坯体上戳印按压出密集排列的凹圈、圆洞等肌理。河南省鲁山段店窑遗址出土的一件陶瓷捶丸（图 5-29），采用施化妆土和圆圈戳印相结合的手法，胎体表面装饰有大小两种圆圈纹，白色化妆土与土黄色坯体形成鲜明的色调对比。

宋元时期，陶瓷捶丸表面戳印的肌理纹样以凹圈纹和坑点纹居多（图 5-30）。凹圈纹有疏密和大小之分，纹饰排列考究，间隔均匀，凹槽普遍较深，凹圈外部边线齐整锐利，内圈边线则相对较为平缓。据此推断，戳印所用的管状工具内径边缘有轻微倒角，这样既可保证外壁锋利，便于插入坯体，又可避免工具在旋转和拔出时破坏凹圈纹内圈的圆整度。坑点纹则是用实心竹条、木条或金属条棒按压戳印坯体留下的痕迹。陶瓷捶丸表面戳印的凹坑深浅不一，这取决于匠人使用工具按压坯体的力度和工具本身的锐利程度。深浅不一的现象表明，戳印凹坑的力度相较于戳印凹圈更难控制：力度过小，印痕不明显；力度过大，则容易破坏坯体内部结构，导致坯体破裂。

① 张晓妍. 唐代女性金银妆盒的制造工艺. 时尚设计与工程，2016 (1): 17-23.

图 5-29　宋元 凹圈纹陶瓷捶丸
（直径 5.99cm，重量 228.5g）
河南鲁山段店窑遗址出土

宋元 凹圈纹陶瓷捶丸
（直径 3.29cm，重量 45.5g）
四川邛崃出土

宋元 锥刺纹陶瓷捶丸
（直径 5.35cm，重量 149.5g）
河南禹州扒村窑遗址出土

宋 坑点纹陶瓷捶丸
（直径 4.09cm，重量 77.5g）
河南鲁山段店窑遗址出土

宋元 坑点纹陶瓷捶丸
（直径 3.15cm，重量 36.0g）
河南洛阳出土

宋元 凹坑纹陶瓷捶丸
（直径 4.31cm，重量 89.4g）
河南禹州扒村窑遗址出土

宋元 凹圈纹陶瓷捶丸
（直径 4.40cm，重量 90.5g）
四川邛崃出土

宋元 凹圈纹陶瓷捶丸
（直径 3.08cm，重量 33.5g）
四川邛崃出土

宋元 凹圈纹陶瓷捶丸
（直径 3.49cm，重量 46.0g）
四川邛崃出土

图 5-30 不同纹理的戳印陶瓷捶丸

（三）削挖

削挖工艺，是匠人利用工具对坯体进行旋削或挖剔，以产生特定肌理效果的技术方法，属于陶瓷肌理装饰的基础手法。采用此工艺的陶瓷捶丸表面凹坑排列均匀，既呈现秩序美感，又增强了结构强度。这种装饰方式简便实用，效果显著，因此成为古代陶瓷捶丸生产中的常见工艺。在出土遗存中，河南的陶瓷捶丸削挖工艺最为典型（图5-31）。

陶瓷捶丸削挖工艺所产的凹坑肌理，与现代高尔夫球（图5-32）表面的凹坑极为相似。颇具戏剧性的是，河南登封窑遗址出土的一件宋元时期坑点纹陶瓷捶丸（图5-33），其重

宋元 凹坑纹陶瓷捶丸
（直径 3.75cm，重量 45.5g）
河南登封出土

宋元 凹坑纹陶瓷捶丸
（直径 3.75cm，重量 45.5g）
河南登封出土

宋元 凹坑纹陶瓷捶丸
（直径 2.55cm，重量 15.0g）
河南宝丰出土

宋元 凹坑纹陶瓷捶丸
（直径 1.88cm，重量 8.0g）
河南宝丰出土

宋元 凹坑纹陶瓷捶丸
（直径 3.11cm，重量 22.5g）
河南登封出土

宋元 圈点坑纹陶瓷捶丸
（直径 2.78cm，重量 20.5g）
河南鲁山段店窑遗址出土

图 5-31　河南出土的凹坑纹陶瓷捶丸

图 5-32　现代高尔夫球
（高反弹离子聚合物）
（直径 4.27cm，重量 45.9g）

图 5-33　宋元 坑点纹陶瓷捶丸
（直径 3.62cm，重量 46.0g）
河南登封窑遗址出土

量竟与现代高尔夫球惊人地相似。捶丸与高尔夫球两种运动出现的时间相距约 500 年，陶瓷捶丸的生产远早于高尔夫球，这种相似性为探讨两者之间的关系提供了非偶然的线索。

早期的古塔胶制高尔夫球表面光滑，击球距离有限。后来人们发现，表面有凹痕的球飞得更远更稳，于是制造者开始有意在球上制造凹痕，高尔夫球因此逐渐演变成今天布满小凹坑的形态。现代高尔夫球球体表面的凹坑根据空气动力学原理设计而成，可使球飞行距离更远，飞行轨迹更趋稳定。[1]类似地，陶瓷捶丸表面的凹坑肌理不仅具有装饰性，也有非装饰性的考虑。《丸经·权舆章》载："赘木为丸，乃坚乃久。赘木者，瘿木也。瘿木坚牢，故可久而不坏。无窦为劣，轻重欲称。无眼者不可用。"[2]也就是说，用带窦眼的赘木加工成的木球更受推崇，因其更结实耐击。加之窦眼蕴含的空气动力学原理使捶丸者屡胜，可能也是其受欢迎的因素之一。有学者收集了 20 只古代赘木球丸，多数木质球丸表面有类似高尔夫球面的凹点[3]，其中部分凹点疑似人为加工。因此，陶瓷捶丸的凹坑加工，不仅可能是对"无窦为劣"的响应，也可能是窦眼木球的替代品，或因其良好性能在比赛中逐渐得到认可。更进一步分析，受工艺水平限制，古代陶瓷捶丸并非纯正圆球，削挖工艺可使球体在直径相对不变的前提下，在滚动时重心偏幅缩小，姿态更趋稳定，击球动线更加可感可控，从而提升竞技表现，因而受到捶丸者的青睐。

可见，陶瓷捶丸凹坑肌理客观上有利于捶丸的竞技表现。古人对陶瓷捶丸凹坑纹的工艺处理，部分包含了经验追求，这揭示了科学技术与理性认知缺失时，感性经验对现实生活的重要意义。

① 王广磊 . 余江 . 高尔夫运动产品发展演变 . 体育科技文献通报，2012 (10)：109-112.
② 刘秉果，张生平 . 捶丸：中国古代的高尔夫球 . 上海：上海古籍出版社，2005：91.
③ 张天踞，桂焱，韩烈保 . 关于捶丸与高尔夫球的比较研究 . 文物鉴定与鉴赏，2014 (11)：78-84.

四、笔绘装饰

陶瓷传统笔绘装饰是指利用毛笔浸蘸色料，在陶瓷坯体之上或釉上进行绘画，再经焙烧使色料烧结于胎体之上或熔于釉面，以装饰美化陶瓷器物的行为。新石器时代的彩陶已是笔绘装饰艺术的经典，胎体上描绘几何图案，为陶器赋予了或劲健或柔美的艺术生命。也正是从新石器时代开始，毛笔和色料便与陶瓷结下了不解之缘，数千年来装点了无数陶瓷艺术珍品。从新石器时代的彩陶到秦汉彩绘陶，从唐代长沙窑釉下彩绘到宋代磁州窑白地黑彩，从明代景德镇釉上彩绘到清代的粉彩和珐琅彩绘等，中国陶瓷传统笔绘装饰经历了从胎上彩绘到釉下彩绘再到釉上彩绘的发展，也从单色走向多彩，色泽由暗沉变得鲜艳夺目。在这一历程中，各类工艺技术、地域与民族文化、时代审美风尚、政治和经贸等因素相互作用，促使陶瓷传统笔绘装饰形成了庞大、复杂的体系。这一艺术体系的发展轴线，清晰勾勒出中国造物文明从"娱神"向"娱人"的演进轨迹。值得注意的是，笔绘技术的每次突破皆非孤立事件，而是窑炉革新、材料革命、社会审美变迁等多重因素共同作用的结果。

在从再现到表现、从写实到象征、从形到线的历史过程中，人们不自觉地创造和培育了美的形式和审美的形式感。[①]陶瓷捶丸的微观装饰史，实为浓缩的陶瓷装饰纹样基因库。尽管陶瓷捶丸生产规模远逊于传统陶瓷器皿，但其纹饰体系却呈现出惊人的文化整合能力。这种整合吸收并非简单的形式挪用，而是基于对捶丸器材特殊属性的创造性转化。从文化符号学视角审视，谷纹对农耕文明的隐喻、旋涡纹对自然规律的比拟，延续着中国陶瓷传统"观物取象"的造物思维。这种理念与艺术实践，使陶瓷捶丸超越其他普通材质的功能范畴，成

为研究中国传统体育和陶瓷文化互动的重要样本。

（一）卷草纹

卷草纹东西方皆有。古希腊和古罗马卷草纹、美索不达米亚棕榈卷须纹、阿拉伯藤蔓花纹代表了西方盛行的卷草纹的多元式样。卷草纹也是我国传统装饰图案之一，由传统云藻纹发展而来，花叶的基本形状类似小云头纹样式。商周时期这种云头纹应用很广。到了南北朝时期，受佛教的影响，忍冬纹吸收了传统云头纹、云藻纹的流动和卷曲的基本形式，创造出以植物枝叶为主体的新的装饰纹样。隋唐时期，卷草纹结合花形出现，样式愈发成熟。[②]卷草纹又被称为"唐草纹"，被广泛应用于染织、陶瓷、壁画和建筑装饰。

陶瓷捶丸上的卷草纹多以赭石为颜料，笔绘流畅洒脱，线条劲健，起笔与收笔痕迹清晰可见。烧制后呈赤红色或褐色，叶片卷曲富有动感，为陶瓷捶丸增添了生机勃勃的自然气息（图5-34）。

出土的卷草纹陶瓷捶丸中，犹以江西吉州窑产的为典型（图5-35）。吉州窑彩绘瓷创烧于北宋晚期，南宋时达鼎盛。早期釉色酱褐，北宋晚期彩绘风格与磁州窑相似。卷草纹作为吉州窑彩绘瓷的经典纹饰，对陶瓷捶丸的装饰有较大影响。南宋釉下彩绘莲荷纹筒式三足炉，器物口沿横面绘有褐彩卷草纹。[③]南宋吉州窑釉下褐彩卷草纹枕和元代吉州窑白地黑花卷草纹罐（图5-36），两件器物上均

① 李泽厚. 美的历程. 北京：生活·读书·新知三联书店，2009：29.

② 霍秀峰. 敦煌唐代壁画中的卷草纹饰. 敦煌研究，1997（3）：95-105.

③ 刘菊芳. 吉州窑鼎盛期陶瓷装饰艺术特点探析. 四川民族学院学报，2022（1）：101-105.

宋 卷草纹陶瓷捶丸
（直径 4.21cm，重量 97.5g）
江西吉州窑遗址出土

宋元 卷草纹陶瓷捶丸（残件）
（直径 4.09cm，重量 69.5g）
江苏镇江出土

宋 卷草纹陶瓷捶丸
（直径 3.89cm，重量 74.5g）
江苏南京出土

宋 卷草纹陶瓷捶丸
（直径 3.50cm，重量 112.0g）
江西吉州窑遗址出土

宋 卷草纹陶瓷捶丸
（直径 4.21cm，重量 91.5g）
江苏镇江出土

宋 卷草纹陶瓷捶丸
（直径 3.05cm，重量 36.5g）
江苏泰州出土

图 5-34 卷草纹陶瓷捶丸

图 5-35　宋 卷草纹陶瓷捶丸
（直径 4.18cm，重量 93.5g）
江西吉州窑遗址出土

图 5-36　元 吉州窑白地黑花卷草纹罐
（高 6.50cm，口径 5.50cm，底径 6.00cm）
故宫博物院藏

装饰有卷草纹，纹饰线条夸张，草头卷曲处融合了旋涡纹，草头卷曲夸张，大小富于变化，自然生动。两件器物上面的卷草纹式样与吉州窑陶瓷捶丸上的卷草纹十分相似，显示出吉州窑瓷器卷草纹对陶瓷捶丸装饰的重要影响。

（二）花卉纹

我国传统装饰艺术有其鲜明的时代特点。原始社会的装饰以几何纹为主，商周至六朝的装饰纹样以动物纹为主，自唐代开始大量采用了花草等植物纹样，直到近代在装饰内容上也大都是以花草为主。[1] 两宋时期，中国传统花鸟画艺术达到了一个高峰，受花鸟画盛行及文人画家参与陶瓷绘制的影响，陶瓷笔绘花卉装饰得到快速发展。特别是宋金元时期磁州窑系中的观台窑、当阳峪窑、鹤壁集窑、扒村窑、介休窑，以及吉州窑所生产的釉下黑彩、褐彩彩绘瓷等，凭借形式多样的花卉纹饰成为宋代陶瓷装饰的杰出代表。

一批出土于南京和江西吉州窑的宋代陶瓷捶丸，球体表面对称绘有两个圆圈，圆圈外围绘有数圈波浪线组成的层叠状图案，图案整体形态类似于一种抽象花卉纹（图 5-37）。纹饰波浪线条间隔均匀，绘画流畅，风格粗犷，画工运笔自如，毫无拖沓阻滞之感，显然是一种追求快速装饰的画法。这种画法装饰效率高，是笔绘陶瓷捶丸批量化生产最为有效的方式之一，间接表明当时陶瓷捶丸的商品化特征明显，市场需求量大。

陶瓷捶丸装饰（图 5-38、图 5-39）吸收了其他瓷器上的笔绘花卉纹（图 5-40）。相近的花卉纹形式和绘画风格表明，当时那些负

---

① 田自秉. 中国工艺美术史. 上海：东方出版中心，2009: 165.

宋 花卉纹陶瓷捶丸
（直径 4.00cm，重量 85.0g）
江苏南京出土

宋 花卉纹陶瓷捶丸
（直径 4.04cm，重量 83.0g）
江西吉州窑遗址出土

宋 花卉纹陶瓷捶丸
（直径 4.29cm，重量 82.0g）
江西吉州窑遗址出土

宋 花卉纹陶瓷捶丸
（直径 4.42cm，重量 104.5g）
江西吉州窑遗址出土

宋 花卉纹陶瓷捶丸
（直径 4.05cm，重量 88.0g）
江西吉州窑遗址出土

宋 花卉纹陶瓷捶丸
（直径 3.85cm，重量 76.5g）
江西吉州窑遗址出土

宋 花卉纹陶瓷捶丸
（直径 4.21cm，重量 96.0g）
江苏南京出土

宋 花卉纹陶瓷捶丸
（直径 4.45cm，重量 84.5g）
江苏南京出土

图 5-37 花卉纹陶瓷捶丸

图 5-38　宋元　花卉纹陶瓷捶丸
（直径 4.15cm，重量 89.5g）
江西吉州窑遗址出土

图 5-40　元　吉州窑白地黑花卷草纹罐盖面
（高 6.50cm，口径 5.50cm，底径 6.00cm）
故宫博物院藏

图 5-39　宋元　花卉纹陶瓷捶丸
（直径 4.14cm，重量 86.5g）
江西吉州窑遗址出土

责笔绘装饰陶瓷器皿的匠人，可能也是陶瓷捶丸的装饰者。

（三）旋涡纹

　　旋涡纹作为以旋转势能为视觉母题的经典纹样体系，其发生学谱系可追溯至新石器时代黄河流域仰韶文化彩陶的装饰实践。关于旋涡纹的起源，学界存在多种观点，其中有人认为，旋涡纹是"图腾崇拜"的产物，与古越族蛇图腾的崇拜有关，其形似蛇的盘曲状。[1]李泽厚对旋涡纹的看法基本倾向于图腾崇拜说，认为旋涡纹从动物形象的写实到抽象化、符号化，是"有意味的形式"不断积淀的过程。[2]

① 蒋书庆. 破译天书：远古彩陶花纹揭秘. 上海：上海文化出版社，2001：219.
② 李泽厚. 美的历程. 北京：生活·读书·新知三联书店，2009：17.

当旋涡纹迁移至陶瓷捶丸的球体表面时，其原始巫术属性已发生人类学意义上的祛魅，转而凸显出运动美学的现代性特质。工匠们巧妙利用球体旋转时的非固定视点特性，通过多维度连续排布的涡旋纹样，创造出超越平面装饰的动态视觉场域。无论捶丸处于滚动还是静止状态，交叠的螺旋线皆能通过视知觉的完形效应，使观者产生弯回凤舞的运动视效。

陶瓷捶丸表面装饰旋涡纹需要非常娴熟的绘画技巧，主要原因在于绘画载体是球面，绘画操作不同于平面，球面弧度甚至比瓷器曲面更大，需要绘画者在提气凝神中稳健运笔、一气呵成，以确保线条流畅、间隔均匀。赭石矿料作绘画颜料，纹样烧成后呈橘红色调，在乳白色胎体衬托下更显秀逸遒媚。古代瓷器上也有相类似的装饰，河南省文物考古研究院藏的唐花釉拍鼓残件，其装饰方法是以釉浇成旋涡状的乳白蓝斑纹（图5-41）。洛阳树威古瓷鉴藏博物馆藏的明代青花结带绣球纹碗，碗上的旋涡纹与宋元时期陶瓷捶丸上的旋涡纹十分相似，只是绘画色料不同而已。宋元时期陶瓷捶丸旋涡纹多有变化，旋转有顺时针和逆时针之分，且纹饰间隔有疏密之别（图5-42）；从出土地看，以江西和江苏居多。

图 5-41　唐 花釉拍鼓残件
（左长 22.00cm，宽 16.50cm；右长 18.20cm，宽 13.50cm）
河南省文物考古研究院藏

宋 旋涡纹陶瓷捶丸
（直径 3.74cm，重量 63.0g）
江苏南京出土

宋 旋涡纹陶瓷捶丸
（直径 3.48cm，重量 50.5g）
江西吉州窑遗址出土

宋 旋涡纹陶瓷捶丸
（直径 3.78cm，重量 60.0g）
江西吉州窑遗址出土

宋 旋涡纹陶瓷捶丸
（直径 3.73cm，重量 58.5g）
江西吉州窑遗址出土

宋 旋涡纹陶瓷捶丸
（直径 3.62cm，重量 57.5g）
江西吉州窑遗址出土

宋 旋涡纹陶瓷捶丸
（直径 3.79cm，重量 71.5g）
江西吉州窑遗址出土

宋 旋涡纹陶瓷捶丸
（直径 3.72cm，重量 55.5g）
江西吉州窑遗址出土

宋 旋涡纹陶瓷捶丸
（直径 4.19cm，重量 81.5g）
江西吉州窑遗址出土

宋 旋涡纹陶瓷捶丸
（直径 3.17cm，重量 40.5g）
江西吉州窑遗址出土

宋元 旋涡纹陶瓷捶丸
（直径 4.11cm，重量 81.5g）
江苏南京出土

宋 旋涡纹陶瓷捶丸
（直径 3.12cm，重量 35.0g）
江苏镇江出土

宋 旋涡纹陶瓷捶丸
（直径 3.05cm，重量 35.0g）
江苏镇江出土

宋 旋涡纹陶瓷捶丸
（直径 2.89cm，重量 30.0g）
江苏泰州出土

宋 旋涡纹陶瓷捶丸
（直径 3.81cm，重量 67.5g）
江苏泰州出土

宋 旋涡纹陶瓷捶丸
（直径 3.01cm，重量 33.5g）
江苏南京出土

宋 旋涡纹陶瓷捶丸
（直径 3.05cm，重量 36.0g）
江苏南京出土

图 5-42　旋涡纹陶瓷捶丸

（四）圆圈与圈点纹

彩绘纹样种类多样，简单的有宽带纹、条纹、圆点纹和波折纹等，颜色有红、紫褐、白、黑褐等种。[1]甘肃省博物馆藏的新石器时代马家窑类型彩陶旋涡纹尖底瓶（图5-43），瓶身绘有旋涡组成的多个圆圈和圆点纹，线条优美流畅，圆圈与圆点纹相得益彰，造型与构图和谐统一。这种处理使整个图案产生奔腾激荡的气势，加上瓶颈横向平行线的衬托，使观者置身于碧波万里突遇骤雨狂风，在旋涡翻滚的激流中，一束束浪花冲天而起的意境之中。[2]甘肃省博物馆藏的圆圈圆点纹陶壶（图5-44），以圆圈和圆点构

成主体装饰带，装饰带之间以锯齿纹间隔开来，壶的口沿和颈部饰以垂帐纹，整体构图疏密有致，层次分明，使壶体在视觉上更显饱满圆融。

圆圈与圈点纹因其丰富的表现力，自古以来就是陶瓷装饰中常用的纹饰之一，宋元时期的陶瓷捶丸装饰亦不例外。在工艺上，宋元陶瓷捶丸圆圈和圈点纹装饰（图5-45）一方面受到了春秋战国时期流行的蜻蜓眼式琉璃珠装

---

[1] 李家治. 中国科学技术史·陶瓷卷. 北京：科学出版社，1998：47.
[2] 熊廖. 中国陶器装饰艺术的起源——与李泽厚先生商榷. 新美术，1987(2)：73-80.

图5-43　新石器时代　旋涡纹尖底瓶
（马家窑类型）
（口径7.10cm，高26.80cm）
甘肃省博物馆藏

图5-44　新石器时代　圆圈圆点纹陶壶
（马家窑文化半山类型）
（口径4.00cm，足径12.10，高34.00cm）
甘肃省博物馆藏

宋元 圆圈纹陶瓷捶丸
（直径 4.92cm，重量 143.5g）
河南鲁山段店窑遗址出土

宋元 圆圈纹陶瓷捶丸
（直径 5.19cm，重量 154.5g）
河南禹州扒村窑遗址出土

宋元 圆圈纹陶瓷捶丸
（直径 5.31cm，重量 173.5g）
河南禹州扒村窑遗址出土

宋元 圆圈纹陶瓷捶丸
（直径 2.69cm，重量 24.0g）
河南鲁山段店窑遗址出土

宋元 圆圈纹陶瓷捶丸
（直径 5.19cm，重量 151.0g）
河南鲁山段店窑遗址出土

宋元 圆圈纹陶瓷捶丸
（直径 5.99cm，重量 154.5g）
河南鹤壁集窑遗址出土

宋元 圈点纹陶瓷捶丸
（直径 6.59cm，重量 387.5g）
河南禹州扒村窑遗址出土

宋元 圈点纹陶瓷捶丸
（直径 4.41cm，重量 104.0g）
河南禹州扒村窑遗址出土

宋元 绞胎圈点纹陶瓷捶丸（残件）
（直径 4.31cm，重量 90.0g）
河南鲁山段店窑遗址出土

宋元 圈点纹陶瓷捶丸
（直径 2.82cm，重量 21.5g）
河南登封出土

宋元 绞胎圈点纹陶瓷捶丸
（直径 4.22cm，重量 59.5g）
河南鲁山段店窑遗址出土

宋元 圈点纹陶瓷捶丸
（直径 3.82cm，重量 67.0g）
河南禹州扒村窑遗址出土

宋 红彩化妆土圆圈纹陶瓷捶丸
（直径 2.91cm，重量 32.0g）
江苏扬州出土

宋 褐彩圈点纹陶瓷捶丸
（直径 2.95cm，重量 32.5g）
江苏扬州出土

宋 红褐彩圈点纹陶瓷捶丸
（直径 2.91cm，重量 30.5g）
江苏扬州出土

宋元 化妆土圆圈纹陶瓷捶丸
（直径 2.50cm，重量 17.0g）
河南鲁山段店窑遗址出土

宋元 化妆土圆圈纹陶瓷捶丸
（直径 3.25cm，重量 35.5g）
河南鲁山段店窑遗址出土

宋元 化妆土圈点纹陶瓷捶丸
（直径 3.85cm，重量 71.5g）
河南鲁山段店窑遗址出土

图 5-45　圆圈与圈点纹陶瓷捶丸

饰艺术形式的重要影响；另一方面承袭新石器时代彩陶装饰、先秦两汉彩绘陶、唐宋陶瓷釉下和釉上彩绘等装饰传统，逐渐形成了同心圆圈纹、花形圆圈纹、圈点纹、圆点纹等类型。

1. 同心圆圈纹

洛阳汉魏故城北隅金村大墓出土的一件战国镶嵌琉璃和玉铜镜（图 5-46），铜镜背面镶嵌的玉和琉璃将镜背分为四层装饰圈：中心镶嵌白、蓝同心圆琉璃珠作纽，玉环为纽座，嵌于玉环之外的是蓝、白偏心圆和花形圆圈纹装饰的琉璃环，最外侧镶嵌有绳索纹玉环。整个铜镜背面的玉石和琉璃构成了一组同心圆，色彩绚丽，层次丰富，是战国铜镜装饰中十分鲜见的形式与纹样。在复合材料装饰中，镶嵌琉璃成为铜镜装饰的亮点，尤其变化丰富的圆圈纹，秩序与变化相映成趣。

蜻蜓眼式琉璃珠又称蜻蜓眼式玻璃珠，是指以眼睛图案作为装饰的琉璃珠，其图案由一层或多层不同于主体颜色的环形构成，形似蜻蜓的眼睛，故而得名。蜻蜓眼式琉璃珠最早在公元前二千纪于地中海沿岸出现，进入中国的时间不晚于春秋晚期。外来蜻蜓眼式琉璃珠进入中国之后，与本土文化产生了强烈的共鸣，引发了本土工匠使用中国自产的铅钡玻璃、釉砂、陶等进行模仿。[1]甘肃省博物馆藏的战国时期蓝胎蜻蜓眼式琉璃珠（图 5-47），有些表面有同心圆凹槽数圈。在出土的蜻蜓眼式琉璃珠中，同心圆圈纹是装饰的主要图案。1974 年，甘肃平凉庙庄战国秦墓中出土 57 粒琉璃珠，其中 16 粒是在棺椁中墓主人骨骸旁边发现的，疑为配饰。墓中还发现陶心釉陶珠，是琉璃工艺和制陶工艺相互结合相互影响的重要物证。

春秋战国时期是原始瓷器发展的高峰时期，琉璃与陶瓷工艺均得到快速发展，两种工艺的相互吸收和促进的程度进一步加深。宋代陶瓷捶丸（图 5-48）表面的笔绘同心圆圈纹

图 5-46　战国 镶嵌琉璃和玉铜镜[2]
（直径 12.20cm）
美国哈佛大学艺术博物馆藏

饰与战国时期铜镜上镶嵌的琉璃及蜻蜓眼式琉璃珠特征十分相似。从时间顺序来看，陶瓷捶丸的装饰很可能受到了蜻蜓眼式琉璃装饰纹样的启发，只是在装饰手法和工艺上有所不同。同心圆圈纹装饰在球体之上，使得图案与球体造型更加和谐统一，并产生了丰富的层次感。

2. 花形圆圈纹

古代陶瓷捶丸表面的花形圆圈纹（图 5-49）通常是由 6 个白色圆圈组成的梅花形图案。这类图案在战国时期的楚地及同一时期的地中海盆地蜻蜓眼式琉璃珠上也是一种常见的装饰形式。琉璃珠上的花形圆圈图案往往由 7 个圆圈构成，俗称"七星纹"，而陶瓷捶丸上的纹饰则是由 6 个圆圈组成，又称"梅花纹"。

唐宋时期盛行的绞胎瓷器有类似花形圆圈

① 赵德云 . 中国出土的蜻蜓眼式玻璃珠研究 . 考古学报，2012(2): 177-216.
② 转引自马燃 . 中原地区蜻蜓眼式玻璃珠的传播与演变 . 天工 , 2022(9): 90-92.

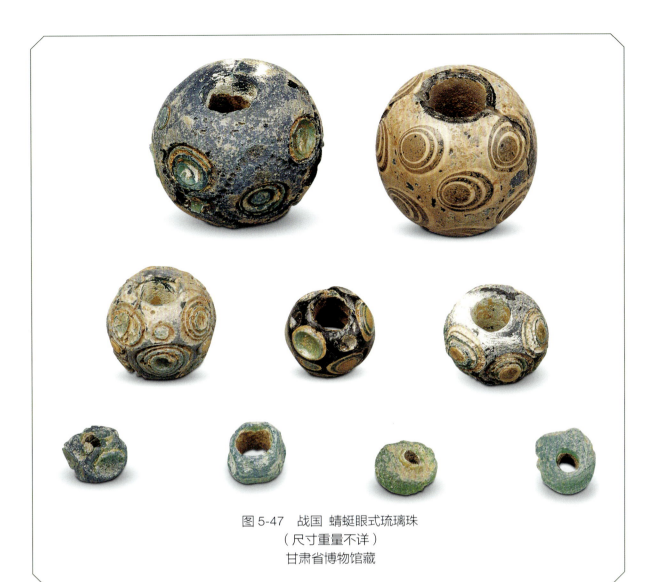

图 5-47 战国 蜻蜓眼式琉璃珠
（尺寸重量不详）
甘肃省博物馆藏

图 5-48 宋 圆圈纹陶瓷捶丸
（直径 3.51cm，重量 51.6g）
江苏南京出土

图 5-49 宋 花形圆圈纹陶瓷捶丸
（直径 6.12cm，重量 259.0g）
河南禹州扒村窑遗址出土

纹的装饰。故宫博物院藏唐代巩义窑绞胎枕（图 5-50），枕面绞胎嵌有数个圆圈构成的梅花纹。该梅花纹由中心 1 个内圈及周围 5 个外圈组成，外圈周边还有数层绞胎，形成了丰富的肌理变化。受绞胎工艺的限制，枕面上的梅花纹并不如陶瓷捶丸上的笔绘图案那般规整。现藏于美国波士顿美术馆的南宋吉州窑梅花纹嘟噜瓶，黑釉表面满布褐色的梅花纹（6 个类圆圈形构成），圆圈边线转折有致，使梅花纹样更加生动。

从时空维度看，公元前 400—300 年，地中海盆地和战国时期楚地所出的蜻蜓眼式琉璃珠的花形圆圈纹图案几乎一致。这种图案上的一致性，强烈暗示了当时两地之间可能存在间接的商旅贸易或文化交流。从战国时期到 1000 多年后的宋代，楚地琉璃珠上的花形圆圈纹与宋元时期中原地区陶瓷捶丸上的花形圆圈纹相比，变化甚微。这种跨越时代的图案传承现象，不仅反映了琉璃工艺对陶瓷工艺可能产生的深远影响，也揭示了传统装饰元素在不同材质和工艺间的持续传播与演变历程。

3. 圈点纹

圈点纹是由圆圈及其中心的一点组成的装饰图案。圆圈纹多见于古代陶器、骨角器、铜器的装饰。在我国北方地区，从商末周初至魏晋十六国时期的文化遗存中，均发现了饰有圆点纹的骨角器。在我国，目前已发现的装饰有圈点纹的骨角器的分布范围十分广泛，但绝大部分发现于长城地带东段及附近。在长城地带东段，饰有圈点纹的骨角器不仅出现的年代早，而且延续的时间也最长。也正是在这一地区，骨角器上的圈点纹最早被应用到有动物造型的北方系青铜器上。[①] 南方同样出现圈点纹装饰的器物，如大洋洲商墓出土的商兽面纹鹿耳四足青铜甗（有"甗王"之誉），甑腹饰有四组展体兽面纹，兽面纹上下各有一带圆圈纹。台北"故宫博物院"藏有一件战国至汉代时期的骨雕填红彩圈点纹嵌件（图 5-51），其表面钻刻有呈菱形排布的圈点纹，圈点的制作应是采用和玉石钻孔相同的砂浆"管钻"与

---

① 潘玲. 圈点纹浅析. 边疆考古学报，2009（1）：117-128.

图 5-50　唐　巩义窑绞胎枕
（长 12.50cm，宽 8.80cm，高 8.00cm）
故宫博物院藏

"桯钻"工艺。圈点纹与直槽线相结合,构成了对称的几何装饰图案,使这件骨雕嵌件展现出强烈的形式美感。

圈点纹可分为阳文和阴文两类,先秦时期陶器上的圈点纹装饰一般多为阴文,而铜器上则以阳文为主。资料显示,江西吴城遗址和大洋洲商墓是发现圈点纹陶器最多的两处遗址。吴城遗址的圆圈纹器物种类丰富,如折肩罐、尊、器盖、瓮、豆、鬲、陶刀等,一般见于器物的肩、腹、柄、边缘与器盖等部位。在大洋洲商墓出土的141件陶器中,饰有圈点纹的可能超过了50%。[①]大洋洲商墓出土的原始瓷带盖折肩罐,其颈部和肩部的装饰带是由印痕较深的圈点纹组成的二方连续图案。可见,圈点纹和圆圈纹是商代此地陶瓷和青铜器装饰重要的装饰纹样。

圈点纹丰富的表现性及其在先秦陶器、骨角器和青铜器工艺中的应用,对陶瓷捶丸的圈点纹装饰产生了较大影响。将先秦时期的这些圈点纹工艺品与宋元时期的圈点纹陶瓷捶丸(图5-52)进行对比,可以发现它们在圈点纹的形式、排列以及构图上展现出诸多相似性,这种图案上的相似特征清晰地揭示了前者对后者的影响。

早期的圈点纹不仅具有装饰功能,而且还被用作测量标记。20世纪60年代西晋幽州刺史王浚夫人华芳墓中出土的象牙尺,70年代河北廊坊文安县小赵村出土的战国时期骨尺和嘉峪关新城魏晋古墓群中出土的魏国骨尺(图5-53),均采用圈点纹作为尺度标记。

① 张庆久. 宜春市博物馆馆藏有枚铜铙赏析:兼谈南方圈点纹的文化属性. 湖南省博物馆馆刊, 2014 (1):123-127.

图 5-51 战国至汉 骨雕填红
彩圈点纹嵌件(残件)
(长 4.2cm)
台北"故宫博物院"藏

图 5-52 宋元 圈点纹陶瓷捶丸
(直径 2.59cm,重量 19.5g)
河南鲁山段店窑遗址出土

图 5-53 三国魏 骨尺
(长 23.80cm,宽 1.60cm,厚 0.10cm)
甘肃省博物馆藏

4. 圆点纹

陶瓷笔绘圆点纹，是指用毛笔类工具蘸色、泥、釉料在坯体上或釉上点画圆点，从而构成形式多样的装饰图案。新石器时代的仰韶文化、大汶口文化、屈家岭文化、马家窑文化的彩陶上，就已经出现了笔绘圆点纹装饰。西晋后期，南方的越窑、瓯窑瓷器上出现了褐色点彩。到了东晋至南朝早期，瓷器上的褐彩变得更为普遍，其表现形式主要有两种，其中一种是在器物的口沿及肩腹部点缀几点褐彩，或是在器物的肩腹部用褐色点彩组成各种图案。[①]

温州博物馆藏东晋瓯窑青釉点彩鸡首壶，壶体造型饱满，青绿釉面配以褐色点彩，圆点巧妙地组成八组三角形图案，每个三角形内部再由圆点纹构成团花状，是一种别具特色的装饰手法。两晋时期，南方越窑系诸窑口将釉色与圆点纹的结合技艺提升到了一个新的高度，为隋唐时期陶瓷盛行的点斑装饰奠定了工艺基础，并对宋元时期的瓷器装饰乃至陶瓷捶丸上的圆点纹装饰产生了深远的影响。

宋代酱斑黑釉盏是圆点纹作为审美风尚的重要体现。故宫博物院藏宋代西村窑青白釉褐斑刻划凤纹大碗（图5-54），便采用了褐斑圆点纹装饰。此碗体硕大规整，碗内将刻划凤纹与圆点纹点彩巧妙结合，碗底则点缀有五组圆点构成的梅花纹。纹饰层次分明，布局密而不乱，满而不散，制作工艺十分考究。

宋代北方地区的磁州窑点彩梅花纹白瓷瓶、鲁山窑点彩梅花纹行炉、元代定窑白釉点彩梅花纹碗均是圆点纹瓷器的代表。圆点纹之所以能在宋元时期陶瓷装饰中流行，除与宋元陶瓷笔绘工艺的大发展相关外，还和宋元文人画及社会所推崇的雅俗共赏、婉约与豪放并举的世风有莫大关联。当磁州窑风格的圆点梅花纹陶瓷传到日本后，深受日本人的喜爱，成为日本私人和美术馆争相收藏与鉴赏的珍品。

瓷器圆点装饰工艺同样影响了宋元陶瓷捶丸装饰。宋元时期，陶瓷捶丸上的笔绘圆点纹装饰大致分为点色料、点釉、点化妆土等多种手法，图案组织则主要有团花和散点两种形式。在这一时期，生产圆点纹陶瓷捶丸的窑口以河南省为多，且主要集中在豫中地区（图5-55）。陶瓷捶丸的圆点纹装饰，一方面是对陶瓷器皿圆点装饰工艺的借鉴，另一方面也是捶丸发展过程中艺术多元化的重要体现。总之，宋元圆点纹陶瓷捶丸，无论是从图案的组织形式、装饰手法，还是从历史传承、时代审美趣味等方面来看，都充分反映了陶

---

① 中国硅酸盐学会.中国陶瓷史.北京：文物出版社，1982：143.

图5-54 宋 西村窑青白釉褐斑刻划凤纹大碗
（高8.90cm，口径33.30cm，足径9.50cm）
故宫博物院藏

宋元　圆点梅花纹陶瓷捶丸
（直径 4.21cm，重量 88.5g）
河南禹州扒村窑遗址出土

宋　圆点梅花纹陶瓷捶丸
（直径 5.49cm，重量 188.0g）
河南禹州扒村窑遗址出土

宋元　圆点梅花纹陶瓷捶丸
（直径 5.43cm，重量 183.0g）
河南鲁山段店窑遗址出土

宋元　圆点纹陶瓷捶丸
（直径 4.52cm，重量 113.0g）
河南鲁山段店窑遗址出土

宋元　褐斑陶瓷捶丸
（直径 2.15cm，重量 12.0g）
河南鲁山段店窑遗址出土

宋元　圆点纹陶瓷捶丸
（直径 3.09cm，重量 30.0g）
河南鲁山段店窑遗址出土

宋元　圆点梅花纹陶瓷捶丸
（直径 5.37cm，重量 157.5g）
河南鲁山段店窑遗址出土

宋元 圆点纹陶瓷捶丸
（直径 4.34cm，重量 45.5g）
河南鲁山段店窑遗址出土

宋元 圆点梅花纹陶瓷捶丸
（直径 3.45cm，重量 49.0g）
河南禹州扒村窑遗址出土

宋元 圆点梅花纹陶瓷捶丸
（直径 4.25cm，重量 83.0g）
河南禹州扒村窑遗址出土

宋元 圆点梅花纹陶瓷捶丸
（直径 6.01cm，重量 213.5g）
河南鲁山段店窑遗址出土

宋元 釉点纹陶瓷捶丸
（直径 5.61cm，重量 202.5g）
河南禹州扒村窑遗址出土

宋 釉点纹陶瓷捶丸
（直径 3.79cm，重量 62.0g）
河南鲁山段店窑遗址出土

图 5-55　圆点纹陶瓷捶丸

瓷器物装饰的深远影响。这些形式多样的产品也间接地展现了捶丸蓬勃发展的繁荣态势。

（五）谷纹

谷纹形同"e"字，又似谷粒萌芽的抽象形态，故得名谷纹。战国时期盛行的谷纹形态犹如卷尾蝌蚪，因而又被称为蝌蚪纹。谷纹通常构成四方连续图案，是我国古代玉器的传统装饰纹样之一。东汉经学家郑玄对玉器上装饰谷纹的原因和寓意作了十分详细的注解。《周礼·春官·大宗伯》载："子执谷璧，男执蒲璧。"郑玄注："谷所以养人，蒲为席，所以安人。二玉盖或以谷为饰……"[1]《周礼·春官·典瑞》载："谷圭以和难，以聘女。"郑玄注："谷圭，亦王使之瑞节。谷，善也，其饰若粟文然。"[2]认同郑玄观点的学者们普遍认为，谷纹的出现与农耕文明的发展有重要的关联，谷纹代表着人们对风调雨顺、五谷丰稔、丰收繁盛的美好期盼。百姓生活丰裕被视为一方王侯顺天应人、安邦定国的祥瑞功德，因此"以谷为饰"这一传统长期为统治阶级所推崇。

也有学者对谷纹源于"以谷为饰"的观念持否定态度，认为谷纹是由龙纹嬗变而来。夏鼐先生认为，常见于玉璧之上的谷纹是一种涡纹，几个涡纹相连则为卷云纹，而涡纹和卷云纹可能是由蟠螭纹进一步图案化而离析形成。动物纹图案化在商代就已经在玉器和铜器装饰上显现，到了战国时期，有的兽纹完全图案化，几乎认不出原有的动物形象。[3]杨建芳先生在研究东周玉器上龙纹演变的文章中，同样认为谷纹是由龙纹分解和简化而成的。[4]

安徽杨公乡战国墓出土的玉兽面谷纹璧（图5-56），璧外区饰三组双身兽面纹，内区饰微凸状谷纹，加饰阴线旋涡纹，此为高古玉器中非常典型的装饰手法。同时期的原始瓷器上也出现了谷纹的应用。上海博物馆藏有一件战国青釉兽首鼎，鼎的腹部压印数圈谷纹，

与当时的铜器、玉器上的谷纹形态差别不大。对比发现，宋元时期的陶瓷捶丸谷纹装饰，在纹样形态和图案组织上，都与古代玉器、青铜器上的谷纹有着明显的相似之处。

古代陶瓷捶丸上的笔绘谷纹基本采用白色化妆土装饰，以河南鲁山段店窑遗址出土的宋元陶瓷捶丸最具代表性。这种装饰手法与唐代花釉瓷（图5-57）的点斑技艺有着相似之处。河南省博物院藏一件唐代鲁山窑花釉蒜头壶（图5-58），黑色釉面绘有头大尾细的乳白斑。宋元陶瓷捶丸谷纹散点绘于球体之上，图案布局自由（图5-59），其形态、手法、点斑布局都与花釉瓷相类似，且产地与花釉瓷相近甚至相同。综上，仅就鲁山窑而言，唐代花釉瓷的斑饰涂画方式和技巧，为宋元陶瓷捶丸的谷纹装饰积淀了实践经验。

宋元陶瓷捶丸笔绘谷纹装饰，落笔端粗重厚实，由内向外笔锋渐收，收笔处酣畅不滞，纹样由粗转细，末端如芽似尾，淳朴率真。这种洒脱的笔触与充满张力的形态，在明清时期景德镇民窑生产的青花渣胎碗上仍能找到延续痕迹。明代画家徐渭评论，渣胎碗之画"直抒胸臆，信手写也"。渣胎碗青花兼具"形意之美"，是工匠自由即兴的笔"势"之舞。[5]

---

① 郑玄注.周礼注疏（中）.贾公彦疏.彭林整理.上海：上海古籍出版社，2010：681.

② 郑玄注.周礼注疏（中）.贾公彦疏.彭林整理.上海：上海古籍出版社，2010：781.

③ 中国大百科全书总编辑委员会.中国大百科全书·考古学.北京：中国大百科全书出版社，1986：177；夏鼐.汉代的玉器：汉代玉器中传统的延续和变化.考古学报，1983（2）：125-145.

④ 杨建芳.龙纹、涡纹、谷纹、蒲纹、乳丁纹：东周玉器主要纹饰的演变及定名，兼论《周礼》成书年代 // 中国古玉研究论文集.台北：众志美术出版社，2010：244-272.

⑤ 丁虹.景德镇渣胎碗纹饰管窥谈.中国陶瓷，2012（5）：75-76.

图 5-56 战国晚期 玉兽面谷纹璧
（璧径 16.50cm，孔径 4.80cm，厚 0.30cm）
故宫博物院藏

图 5-57 唐 鲁山窑花釉四系罐
（口径 16.00cm，底径 12.00cm，高 36.00cm）
鲁山县段店窑文化研究所藏

图 5-58 唐 鲁山窑花釉蒜头壶
（口径 10.00cm，足径 11.50cm，高 34.50cm）
河南博物院藏

宋元 谷纹陶瓷捶丸
（直径 3.79cm，重量 60.0g）
河南鲁山段店窑遗址出土

宋元 谷纹陶瓷捶丸
（直径 3.17cm，重量 32.0g）
河南鲁山段店窑遗址出土

宋元 谷纹陶瓷捶丸
（直径 3.32cm，重量 42.0g）
河南鲁山段店窑遗址出土

宋元 谷纹陶瓷捶丸
（直径 3.50cm，重量 46.0g）
河南鲁山段店窑遗址出土

宋元 谷纹陶瓷捶丸
（直径 2.81cm，重量 33.5g）
河南鲁山段店窑遗址出土

宋元 谷纹陶瓷捶丸
（直径 3.56cm，重量 44.5g）
河南鲁山段店窑遗址出土

宋元 谷纹陶瓷捶丸
（直径 3.76cm，重量 52.0g）
河南鲁山段店窑遗址出土

宋元 谷纹陶瓷捶丸
（直径 3.15cm，重量 34.0g）
河南鲁山段店窑遗址出土

宋元 谷纹陶瓷捶丸
（直径 3.52cm，重量 50.5g）
河南鲁山段店窑遗址出土

宋元 谷纹陶瓷捶丸
（直径 3.59cm，重量 46.5g）
河南鲁山段店窑遗址出土

宋元 谷纹陶瓷捶丸
（直径 3.35cm，重量 45.0g）
河南鲁山段店窑遗址出土

图 5-59　谷纹陶瓷捶丸

依此可见，古代陶瓷捶丸上的谷纹笔绘，其落笔倏作变相，趣在法外，同样展现出形意之美。

《宋史·打球》载"太宗令有司详定其仪"，表明统治者意图将有关礼制方面的内容和要求融入捶丸活动中。陶瓷捶丸上的谷纹装饰，与古代玉器、铜器上的谷纹有着相似的祥瑞寓意，成为封建礼制的表征物。此外，通体装饰白色谷纹的陶瓷捶丸在滚动时，谷纹旋转所产生的奇幻视觉效果，也是工匠们热衷于采用谷纹装饰的另一重要原因。

五、色釉装饰

釉，是陶器向瓷器演化的关键因素之一，兼具实用与装饰功能。不同类型的釉成为各窑口陶瓷产品的特色标志，如越窑的青釉、德清窑的黑釉、巩县窑的白釉和三彩釉、寿州窑的黄釉、钧窑的铜红釉、景德镇窑的钴蓝釉等。

色彩斑斓的釉面使陶瓷器物更具美观和实用性。釉的装饰性体现在光洁的表面，深邃、清澈或五彩陆离的釉色，温润细腻的质感等方面；实用性则表现为釉面坚滑抗蚀，易于清洁、干净卫生等方面。

宋金元陶瓷捶丸常见的釉色有黑釉、酱釉、褐釉、黄釉、黑白色绞釉、三彩釉等。黑、褐、青等色釉的主要呈色剂是 Fe_2O_3，排除烧制气氛的影响，釉色由黑至青黄的变化与釉中主要呈色剂的含量有关。陶瓷捶丸表面的三彩釉属于低温铅釉，即以铅的氧化物做助熔剂，在 800—1100℃的氧化气氛中烧成，釉色以黄、绿、白三色为主。从标本看（图 5-60），三彩釉陶瓷捶丸胎体上的凹坑肌理使釉面产生丰富的光泽变化。

出土的色釉陶瓷捶丸以河南、四川的居多（图 5-61）。其施釉方式主要有浸釉、刷釉、

图 5-60　宋 三彩釉坑点纹陶瓷捶丸
（直径 3.69cm，重量 49.5g）
河南巩县窑遗址出土

宋 酱釉陶瓷捶丸
（直径 3.12cm，重量 37.5g）
江苏南京出土

宋 酱釉陶瓷捶丸
（直径 4.00cm，重量 79.5g）
河南鲁山段店窑遗址出土

宋金 三彩陶瓷捶丸
（直径 3.59cm，重量 48.5g）
河南登封出土

宋元 酱釉陶瓷捶丸
（直径 6.03cm，重量 211.0g）
河南鲁山段店窑遗址出土

宋元 酱釉陶瓷捶丸
（直径 2.67cm，重量 24.0g）
四川邛崃出土

宋元 褐釉陶瓷捶丸（残件）
（直径 2.60cm，重量 20.0g）
四川邛崃出土

宋元 酱釉陶瓷捶丸
（直径 4.18cm，重量 86.0g）
河南鲁山段店窑遗址出土

宋元 黄釉陶瓷捶丸
（直径 2.55cm，重量 19.5g）
四川邛崃出土

宋元 黄釉陶瓷捶丸
（直径 2.60cm，重量 20.5g）
四川邛崃出土

宋元 褐釉陶瓷捶丸
（直径 2.49cm，重量 19.5g）
四川邛崃出土

宋元 黄釉陶瓷捶丸
（直径2.53cm，重量20.0g）
四川邛崃出土

宋元 褐釉陶瓷捶丸
（直径2.31cm，重量14.5g）
四川邛崃出土

宋元 黄釉陶瓷捶丸
（直径2.61cm，重量21.4g）
四川邛崃出土

宋元 黄釉陶瓷捶丸
（直径2.50cm，重量19.5g）
四川邛崃出土

宋元 酱釉陶瓷捶丸
（直径4.33cm，重量92.0g）
河北邯郸出土

宋元 酱釉陶瓷捶丸
（直径5.29cm，重量179.0g）
河南禹州扒村窑遗址出土

图 5-61 色釉陶瓷捶丸

点釉等，浸釉又分半身施釉和通体施釉两种。依据出土标本，黑釉和酱釉陶瓷捶丸多施半身釉，三彩釉和绞釉则多通体施釉。半身施釉是陶瓷捶丸的一种折中工艺，既装饰釉色又便于装烧，此方法在唐代陶瓷生产中应用普遍。通体施釉的陶瓷捶丸需采用支烧法，典型如"芝麻钉"支烧，且以三支钉为常见。此外，还有泥片垫烧方式，其目的与支钉烧相同，用于固定球体和防止流釉粘底。

陶瓷捶丸所施釉料一般与同窑烧制的陶瓷器皿基本相同，且装烧窑位相近。一方面，同窑同位烧制主要是出于工效的考虑。对比发现，同时期同窑口或相近窑口的陶瓷捶丸釉色与陶瓷器皿釉色或釉的种类十分相似（图 5-62、图 5-63）。在一定地域内，由于工艺技术的交流，一定时期内相邻窑口的制瓷工艺呈现诸多相似性，这种相似性多表现在陶瓷产品的外在特征上，并成为划定瓷窑体系的重要依据。以扒村窑和鲁山窑为例，金代鲁山窑绞釉平底盘（图 5-64）和相近时期的扒村窑绞釉陶瓷捶丸（图 5-65），在釉色和绞釉肌理上高度相似。这种相似性表明，两地绞釉技术存在交流传播，陶瓷捶丸与同窑系陶瓷器皿还可能共享釉料，这对提高生产效率和控制成本具有重要意义。另一方面，同窑同位烧制也是基于成品率的考虑。古代窑炉上下温差与气氛较难控制，

图 5-62　宋元 酱釉陶瓷捶丸
（直径 3.72cm，重量 61.0g）
河南鲁山段店窑遗址出土

图 5-63　金 黑釉凸线纹罐
（尺寸不详）
鲁山县段店窑文化研究所藏

图 5-64　金 绞釉平底盘
（口径 22.30cm，底径 17.00cm，高 2.6cm）
河南鲁山县段店窑文化研究所藏

图 5-65　宋元 绞釉陶瓷捶丸
（直径 5.63cm，重量 219.0g）
河南禹州扒村窑遗址出土

同窑烧制瓷器所施釉料需在特定的装烧位置才能稳定烧成，因此，各种釉色陶瓷装烧位置相对固定，以确保成品率最大化。在此条件下，色釉陶瓷捶丸作为插烧件，其装烧位置应与相同釉料的陶瓷器皿相同或相近。

通常情况下，陶瓷捶丸并不需要施釉，主要以素面、肌理和无釉彩绘装饰为主。釉面虽然使捶丸更加坚滑，但其表面脆性也带来新的问题：光滑的釉面可降低球杖与球体之间的摩擦力，不利于捶击；釉面在撞击时易破碎，影响陶瓷捶丸的使用寿命。然而，历史上色釉陶瓷捶丸却有一定数量的生产，其原因可能有以下几点。

首先，审美的需要。装饰的发展经历了从身体装饰到人体装饰物，再到器物装饰的过程。在此领域中，审美与实用和愉悦的体验交织在一起，往往是一些偶然性的因素使审美与有用性分化开来。[①]英国美学家赫伯特·里德在《艺术与工业》中指出，装饰的需要源自人的文化心理。这有助于我们理解陶瓷捶丸采用色釉装饰的动机。相较于素面，鲜艳的釉色和光洁的质感更易刺激感官，釉面如

①徐恒醇. 设计美学. 北京：清华大学出版社，2006：
233.

玛瑙、玉石般温润，能激起人们的审美愉悦，进而产生丰富的审美心理活动。陶瓷捶丸装饰从素面到涂装色衣、肌理装饰和色釉装饰，其装饰工艺的探索过程反映了人们对的美不懈追求。

其次，制瓷工艺技术的精进。五代北宋时期，釉料与装烧工艺取得巨大进步，为陶瓷捶丸施釉提供了技术支持。例如，支烧技术在陶瓷捶丸装烧中的创新应用。五代北宋时期的岳州窑较早使用支烧法，汝窑很可能受此启发，且汝窑支钉常见单数，以三五个一组为多。相较于岳州窑，汝窑支烧方法有了改进和发展。①

再次，釉料技术的精进。宋代普及了比石灰釉更加醇厚黏稠的石灰碱釉，为色釉陶瓷的生产创造了有利条件。高温下釉的流动性减弱，使陶瓷捶丸流釉、黏釉现象大幅改善。

最后，捶丸的发展与分化。捶丸在宋代十分流行，贵族与平民、男女老幼都喜欢捶丸。②当时捶丸形式多样，依据参与人群、场地、社会阶层的不同而有所差异。宋金时期瓷枕上的童子捶丸图、滕元发爱击角球的故事、明代的《仕女捶丸图》等，均表明儿童与妇女群体参与捶丸的情况。参与人群的不同促使捶丸形式做出相应调整，如增强游戏性、弱化竞技性等。出土陶瓷捶丸中，色釉陶瓷捶丸直径多小于素面、肌理及彩绘装饰的陶瓷捶丸，这一现象进一步证实了捶丸的分化。故宫博物院藏南宋绢本设色《蕉阴击球图》、山东泰安岱庙出土宋代石刻画捶丸图、磁州窑博物馆藏的童子捶丸八角形瓷枕（图5-66）等画面显示，童

---

① 中国硅酸盐学会. 中国陶瓷史. 北京：文物出版社，1982：285.
② 吴钩. 宋：现代的拂晓时辰. 桂林：广西师范大学出版社，2015：48.

图 5-66　宋 童子捶丸八角形瓷枕
（长 30.00cm，宽 20.00cm，高 12.00cm）
磁州窑博物馆藏

子身前的捶丸体积较小,可能为色釉陶瓷捶丸,这类童戏是对成人捶丸的直接模仿和分化。此外,色釉捶丸釉色喜人,鲜亮夺目,小巧精致,还可作为其他游戏玩具或把玩件。综上,色釉陶瓷捶丸是捶丸发展和分化的产物,主要使用人群为儿童以及妇女。

对陶瓷捶丸进行色釉装饰,这一做法源自当时人们的审美需要。它既是人们对新装饰形式的探索结果,也是制瓷工艺进步和捶丸活动普及与分化的产物。这类色釉陶瓷捶丸在儿童和妇女群体中的流行,成为捶丸大众化与多元化的重要体现。

六、陶瓷捶丸的装烧工艺

传统陶瓷的装烧通常采用裸烧、套烧、对扣叠摞、匣钵叠摞及多种支烧具相配合的方式。熊海堂把窑座、窑台、支柱、窑柱、底脚、支垫、窑垫、底托、垫烧柱和支托等统一归纳为支烧具。[①]他归纳的支烧具是指构成窑内整体装烧结构的主要构件,而下文探讨的陶瓷捶丸装烧具则依据其功能简要分为支烧具和垫烧具。

出土标本显示,陶瓷捶丸的装烧方式常见有裸烧、套烧、支烧、垫烧等。素面、化妆土装饰、彩绘、半身施釉、肌理装饰等类型的陶瓷捶丸主要采用裸烧和套烧方式,通体施釉的陶瓷捶丸则以支烧和垫烧为主。裸烧指的是捶丸坯体裸露放置在窑床,或放置在倒扣器皿的无釉底部,或放置在匣钵盖板之上进行烧制的方法。采用裸烧时,窑火会接触到球体表面,有些球体表面会留下过火痕迹。以木柴干草为燃料烧制陶瓷捶丸时,会有草木灰随窜动的火焰覆盖在胎体表面,富含钾、钙、磷的草木灰会在高温下熔融成一层极薄的釉面(图5-67)。支、垫烧具的形式多样,有支钉和泥板等。支烧具的主要

功能是将球体托起,防止釉面与装烧托板或器皿底部过多粘连。高温烧制后,陶瓷捶丸釉面会与支钉部分粘连,需要借助工具敲掉支钉并打磨粘连釉面,以使粘连釉面圆滑。垫烧具常见有垫片(图5-68)或泥板两种,其功能亦是防止熔融流动而下的釉粘于装烧托板之上。装烧时,为防止捶丸滚动,窑工还会将其摁压在湿泥板上,泥板可以连续排列、安放多个捶丸,泥板上按压出的凹坑能有效防止捶丸滚动,是一种非常实用、便捷的垫烧方法。

窑炉温度对瓷器的烧造及成品率起着决定性的作用。考古发现,宋代各地窑址中普遍用耐火泥制成各种形制的"火照"(一种测温观釉试片)来测试窑温和坯件的瓷化程度。[②]因而,观察和判断火照釉面成为烧窑工匠的必修课。工匠通常从烧制窑炉的观火孔中将火照用工具钩出并浸水快速冷却,然后观察试片烧结瓷化和釉面玻化的情况,从而判读窑内温度和烧制气氛。一般情况下,火照所施釉料要与窑内烧制的主要产品的釉料相同,这样便于匠人通过观察火照判定窑内瓷器的烧制情况。宋代制瓷业中还出现了另一种测温工具——测温柱。古代测温柱的应用原理类似于今天窑炉烧制中普遍应用的奥顿(Orton)三角锥,这表明至迟在宋代,制瓷工匠已经掌握科学的测温方法:用特定泥料制成锥棒,置于窑炉观火孔,观察其弯曲变化以判断窑内温度。宋代重庆涂山诸窑、巴县清溪梓桐窑和西夏时期的宁夏灵武窑,都发现有顶端弯曲的测温柱,河北磁州窑、山东中陈郝窑亦有发现,足见其

---

① 熊海堂.东亚窑业技术发展与交流史研究.南京:南京大学出版社,1995:169.
② 陈朝云.宋代瓷器制造技术的考古学观察.考古学报,2017(4):495-514.

图 5-67　宋元　素面陶瓷捶丸
（直径 3.19cm，重量 32.5g）
河南禹州扒村窑遗址出土

图 5-68　宋金　三彩陶瓷捶丸
（直径 3.49cm，重量 49.0g）
河南登封出土

应用之广。[①]测温柱的功能比火照更加全面，烧窑工匠可依据其弯曲程度和釉面熔融情况，结合自身经验读取和判断窑内温度、火候、气氛等关键信息。古代陶瓷捶丸与瓷器同窑烧成，因此火照和测温柱对于陶瓷捶丸的生产具有重要意义。

中国窑炉形制在历史发展中形成了鲜明的地域特征。北方窑业体系以马蹄形馒头窑为典型，而南方则普遍采用龙窑结构，这种空间分野直接影响了不同地区陶瓷捶丸等器物生产的窑炉选择。值得注意的是，北方窑业在燃料应用方面呈现出独特的演进轨迹：地处煤炭产区的窑场率先实现能源结构的革新，自宋元以降逐步构建起以煤炭为主、木柴为辅的双燃料体系，窑炉构造亦相应改良火膛深度与通风系统，以适配煤炭燃烧所需的更高

热效与控温要求。

然而自元代始，北方窑业渐显式微，这一方面源于战乱频仍导致的技术传承断裂，另一方面则受制于南方瓷业技术突破带来的竞争压力，制瓷中心由此开启南迁进程。相较而言，南方龙窑体系依托丰沛的松木资源，自五代至南宋时期已在江浙地区形成成熟的模式，其依山而建的狭长窑体与阶梯式结构有效提升了热效率。景德镇窑业在元明时期的异军突起，更将龙窑技术推向巅峰。但至清末，随着柴源枯竭与市场环境的剧变，传统龙窑终难维系竞争优势，渐趋萧条。

---

① 陈朝云．宋代瓷器制造技术的考古学观察．考古学报，2017（4）：495-514.

经测定，宋元明时期陶瓷捶丸的烧成温度基本为1100—1200℃，个别烧成温度为1298.9℃，这与当时的南北方烧瓷温度是相吻合的。宋代河北定窑酱釉瓷的烧成温度已达1350±20℃，磁州窑黑花瓷烧成温度达1310±20℃，南方的龙泉青瓷烧成温度达1200±20℃，可见，当时南北瓷窑的烧成温度多在1200℃以上。陶瓷捶丸烧成温度受各窑口自身因素和装烧位置的影响较大，因而其烧成温度的区间范围也相应较大。

宋元明时期是我国窑业技术体系化发展的重要阶段，恰与捶丸运动的社会化传播及陶瓷捶丸的产业化生产形成深刻的历史同频。这一时期，龙窑结构的优化、馒头窑的普及与分室葫芦窑的创新，结合支钉、垫片、垫圈覆烧及匣钵装烧等工艺革新，共同构建起陶瓷装烧技术系统。这种装烧技术的系统性精进为陶瓷捶丸从粗粝陶、炻质球向精细瓷质球的飞跃提供了工艺技术、材料科学、文化艺术方面的重要保障。

第六章

陶瓷捶丸的
科学分析

前面章节已对陶瓷捶丸的溯源、发展脉络、规则场地、价值导向以及捶丸器具进行了详细阐述，并对其制作工艺，包括泥料选择、成型方法、装饰工艺和装烧工艺等，进行了深入的分析研究。中国陶瓷工艺技术发展经历了由简单到复杂的过程，在不断尝试和创新中得以提升。为进一步研究古代陶瓷捶丸与当时社会工艺技术的传承、发展和复仿制，我们收集了河南、河北、山东、内蒙古等北方地区和江西、湖北、江苏、四川等南方地区出土的唐至民国时期的陶瓷捶丸，并采用 X 荧光光谱仪（XRF）、分光测色仪、X 射线衍射仪（XRD）、扫描电镜 – 能谱仪（SEM-EDX）等多种仪器和手段对这些陶瓷捶丸的化学组成、显微结构、烧成制度、呈色特征等内容进行了检测分析，以探讨陶瓷捶丸的工艺技术及其表征分析与耐磨性、抗击性等物理性能的关系。

第一节

陶瓷捶丸标本的表征检测

一、检测标本

实验所用陶瓷捶丸标本总数为 22 个（表 6-1）。

表 6-1　陶瓷捶丸标本概况

标本来源	标本朝代	标本编号	标本图片
河南鲁山段店窑遗址	宋	DD-1	
	宋	DD-2	
	唐	DD-3	
	元	DD-4	

标本来源	标本朝代	标本编号	标本图片
河南鲁山段店窑遗址	唐	DD-5	
	宋元	DD-6	
	元	DD-7	
	清至民国	DD-8	
	宋	DD-9	
河南禹州扒村窑遗址	元	PC-1	

标本来源	标本朝代	标本编号	标本图片
河南汝州	宋元	RZ-1	
	宋元	RZ-2	
河南郏县十字街	宋	JX-1	
河南巩义窑	宋	GY-1	
河南登封	宋	DF-1	
河北磁州窑	宋	CZ-1	

标本来源	标本朝代	标本编号	标本图片
山东聊城	宋	LC-1	
内蒙古四子王旗	清至民国	NM-1	
江西吉州窑	宋	JZ-1	
江苏南京	明	NJ-1	
湖北武汉	宋	WH-1	
四川邛崃窑	宋	QL-1	

二、检测方法与测试条件

（一）吸水率检测

实验采用《日用陶瓷器吸水率测定方法》（GB/T 3299—2011）中的煮沸法[①]对 22 个陶瓷捶丸标本进行吸水率测定。首先将测试标本清洗干净，110±5℃烘干，放入硅胶干燥器冷却至常温，分别称量每件标本干重 m_0 后，将标本浸没于盛满蒸馏水的煮沸装置，保持煮沸 3 小时，其间标本始终低于水面 1.00cm 左右，煮沸停止后保持标本浸泡水中自然冷却至室温，测量吸水饱和后每件标本湿重 m_1，最后根据 GB/T 3299—2011 中的方法计算每件标本的吸水率。

（二）色度检测

采用日本柯尼卡美能达公司生产的 CM-700d 型分光测色仪测定 22 个陶瓷捶丸标本胎釉和装饰材料的色度参数（L^*、a^*、b^*）及三刺激值（X、Y、Z）（表6-2）。仪器采用 CM-A177 白色校正板、脉冲氙灯（含 UV 滤镜）光源，测量模式为 d/8（漫射照明，8°方向接收）SCI（包含镜面反射光）/SCE（不包含镜面反射光），传感器为硅光二极管阵列（双列 36 组），分光方式为平面回折光栅，测量波长范围为 400—700nm、波长间隔为 10nm，反射率测量范围为 0—175%，分辨率为 0.01%，内存容量为 4000 组，采用了锥状测量探头以更好地进行测量定位，测量时根据标本尺寸选择 Φ8mm 和 Φ3mm 不同目标罩。[②]

[①] 日用陶瓷器吸水率测定方法（GB/T 3299—2011）. 北京：中国标准出版社, 2011: 1-2.
[②] 仪器配置说明：https://www.konicaminolta.com.cn/instruments/download/manual/index.html.

表 6-2　陶瓷捶丸标本的色度参数与呈色特征

标本编号	L^*	a^*	b^*	X	Y	Z	呈色特征
DD-1 白体	70.13	4.40	13.73	27.37	27.08	21.07	红白泥似树轮般规律性绞结，红泥颜色偏暗，致密性一般
DD-1 红泥	45.85	13.13	11.5	20.03	19.68	15.28	
DD-2 白泥	75.10	2.93	12.42	41.07	42.06	33.59	表面装饰化妆土圆点纹，有光泽，胎体内红白泥不规则绞结，胎体致密性好，颜色偏白
DD-2 红泥	49.63	8.96	12.42	34.16	33.01	19.86	
DD-3	51.27	5.27	17.35	22.13	21.96	14.50	胎体呈土黄色，颗粒感强，有细小白色颗粒，胎体粗糙，致密性差
DD-4	61.19	2.87	14.61	34.14	33.74	20.52	胎体呈色偏黄，有细小黑色颗粒，表面装饰化妆土圆圈纹，部分脱落，致密性一般
DD-5	47.38	13.60	32.2	17.57	16.47	8.49	胎体呈土黄色，有大量黑白色较粗颗粒，胎体粗糙，致密度较差，有气孔
DD-6	66.97	8.48	18.92	40.14	39.92	27.21	胎体整体呈黄调，化妆土大面积厚薄不均装饰，致密性一般
DD-7	33.39	−0.05	0.12	9.64	10.04	9.43	胎体呈黑色，光泽度一般，胎体不致密

标本编号	L*	a*	b*	X	Y	Z	呈色特征
DD-8	59.28	21.37	17.55	30.31	26.6	19.78	表面薄层红彩装饰，部分脱落，有光泽，内部胎体呈白色，紧致无气孔
DD-9	60.03	12.98	18.19	29.15	27.42	19.51	胎体呈色偏红，表面装饰化妆土圈点纹，部分脱落，有颗粒感，致密度一般，有气孔
PC-1 胎体	64.06	4.24	19.98	33.17	33.21	21.99	胎体呈色偏白，表面装饰厚化妆土圆圈纹，致密性一般
PC-1 化妆土	88.43	1.18	9.45	—	—	—	
RZ-1 白泥	46.17	3.87	16.49	35.25	35.62	24.44	红泥呈色偏紫，白泥略偏黄，球体残缺,内部绞结杂乱，夹杂颗粒，致密性一般，有气孔
RZ-1 红泥	48.61	6.08	8.34	13.07	12.91	11.35	
RZ-2	65.74	3.55	13.03	29.96	30.69	25.40	胎体呈色偏黄，素胎颗粒感强，表面剥落严重，内部紧致
JX-1 胎体	61.59	7.72	18.58	35.25	35.62	24.44	半绞胎，表面薄层红白泥呈孔雀翎状绞结，红泥呈色颜色深，内部纯色，胎体偏黄，夹杂黑色颗粒，致密性一般
JX-1 红泥	47.89	14.12	16.11	—	—	—	
GY-1 绿釉	51.07	−18.58	21.20	13.64	15.42	8.99	釉面呈蛋黄、青绿交替分布，整体坑点装饰，凹陷处积釉，釉色深，光泽感强，胎体致密性差
GY-1 黄釉	65.96	4.85	26.31	41.23	41.07	28.99	
DF-1	78.82	8.43	16.02	45.55	44.95	31.31	胎体呈色带红调，整体坑点装饰，致密性一般，胎体不紧致
CZ-1	35.13	16.75	12.24	12.66	10.57	6.51	表面呈铁锈色，脱落严重，胎体偏黄，疏松紧密性差
LC-1	51.34	24.00	31.41	12.38	10.11	4.86	胎体呈橙黄色，胎体疏松不致密，有气孔
NM-1	48.59	−6.93	12.71	17.77	19.50	15.78	表面薄层绿彩装饰，部分脱落，有光泽，内部胎体呈白色，致密性差
JZ-1 胎体	79.54	5.00	15.60	41.23	41.07	28.99	胎体呈淡灰，表面彩绘红色四圆圈纹，部分脱落，致密度一般
JZ-1 彩绘	56.29	3.99	10.29	20.82	20.91	17.61	
NJ-1	70.71	1.23	9.19	29.69	30.94	27.71	胎体呈色偏白，表面有黑色斑点，光泽，胎体紧实，致密性好，无气孔
WH-1	77.77	4.30	26.69	37.72	37.70	22.50	胎体呈白色，颗粒较粗，夹杂白色颗粒，胎体疏松，致密性差，有气孔
QL-1	40.99	9.08	16.61	18.26	15.78	9.17	釉面呈酱色，光泽，胎体致密，不疏松，无气孔

（三）化学成分与物相分析

分别采用荷兰马尔文帕纳科公司生产的AXIOS mAX 单道扫描型波长色散型 X 射线荧光光谱仪，室内温度 22℃，湿度 57%；德国布鲁克公司生产的 D8 Advance A25 X 射线衍射仪，扫描范围 5°—80°，辐射波长 1.5406Å，辐射类型 Cu Kα，步长 0.02°/步，扫描速度 0.2s/步，管压 40kV，管流 40mA，室内温度 22℃，湿度 66%。在上述条件下对 22 件陶瓷捶丸标本的粉末样品进行了化学成分分析和物相分析，其中化学成分的分析结果详见本章第二节中"二、陶瓷捶丸标本化学组成分析"。

（四）烧成温度与显微结构测试

采用热膨胀法，依据黏土材料的热膨胀性质，可较直接地获取古陶瓷的烧成温度。该方法以其高精度和高准确性，已成为测试古陶瓷烧成温度的主流方法，并被广泛应用。[1][2][3][4]为深入研究古代陶瓷捶丸的烧制工艺，对 22 件标本在上海群弘仪器设备公司生产的 STX-202A 小型金刚石线切割机上进行切割，制成了长度为 2.00—2.50cm、横截面直径为 6.00mm 的长条，以待测试。测试采用了德国耐驰公司生产的 DIL 402C 热膨胀仪，在升温速率为 10K/min、氮气吹扫速率为 50mL/min 的条件下进行了测试。

选取陶瓷捶丸标本的胎体和釉面部分，将样品敲碎后，用 5% 的 HF（氢氟酸）溶液对釉表面进行 15min 的腐蚀处理，再用超声波仪器清洗 15min，并用烘箱干燥，以待测试。测试采用深圳市华讯测试技术有限公司的实验室仪器对制好的尺寸 ≥ 2.00cm×2.00cm、厚度 <0.50cm 的陶瓷捶丸标本的胎体和釉面薄片进行了形貌显微结构和能谱分析（包括 O、C、Si、Al、K、Na、Ca、Mg、Fe、Ti、Cu、P、Mn、Zn 元素）。

以上实验中的陶瓷捶丸标本吸水率测试、色度参数检测及其他各项实验的前处理均在平顶山学院河南省中原古陶瓷研究重点实验室完成；化学成分分析、物相分析和热膨胀分析均在国家陶瓷产品质量监督检验中心（江西）完成；场发射扫描电子显微镜（FESEM）显微结构分析在深圳市华讯测试技术有限公司完成。

① 童永东，汪常明. 热膨胀法在古陶瓷测温研究中的应用与探索. 广西民族大学学报（自然科学版），2017，23 (3): 33-39.
② 周仁，李家治. 景德镇历代瓷器胎、釉和烧制工艺的研究. 硅酸盐，1960 (2): 49-63, 97-98, 103-105.
③ 周仁，张福康，郑永圃. 我国黄河流域新石器时代和殷周时代制陶工艺的科学总结. 考古学报，1964 (1): 1-27, 132-139.
④ 丁银忠，李媛，李合等. 实验法探讨瓷胎元素组成和烧成温度对热膨胀法测温的影响. 文物保护与考古科学，2023, 35 (2): 81-89.

第二节

陶瓷捶丸标本的表征分析

一、陶瓷捶丸标本呈色特征

古代球丸通常用陶瓷基础原料制作，因此大部分球丸的物理化学性质与陶瓷相近，除特殊施釉外颜色基本与陶瓷胎色一致。古代不同地域的陶瓷胎料差异导致球丸的材质和色泽各异，但大致脱离不了灰色、白色、黄色等基础颜色。捶丸运动的兴起赋予了陶瓷捶丸新的含义，使其成为一种娱乐用品。

为追求更好的运动效果和满足不同阶层人群的需求与审美，古代窑工常采用球体表面彩绘、多种色泥绞胎、施不同釉色等装饰技术，使球丸呈现出多彩的颜色。彩色球丸通常以红色和绿色为主，如表 6-1 中的 GY-1 和 DD-8，尤以明清时期的陶瓷捶丸色彩最为鲜艳。

除了彩色装饰外，大部分陶瓷捶丸标本的色彩主要呈现为原料的基础色。表面常用化妆土绘制不同纹饰，如宋元时期的球丸，在褐黄色胎体上绘有圆圈纹装饰，这体现了当时人们独特的审美情趣。值得一提的是，绞胎装饰在球丸中的应用也很广泛，如宋代河南段店窑、汝州、郏县地区的绞胎陶瓷捶丸就是采用这种工艺进行装饰的，可能受到了当阳峪窑的影响。

绞胎工艺可以追溯至唐代，宋代兴盛开来。绞胎瓷烧制工艺复杂，加上烧制窑厂多为民窑性质，故其成品器物多为小型精致器物。传统绞胎瓷烧造方法通常选用两种或两种以上当地特有的高岭土和瓷土，颜色多以白、黑、褐为主。因瓷土地质条件不同，受热膨胀系数也不完全一致，故不同颜色瓷土绞结后极易开裂。因此，必须将设计排列的瓷土揉压捻平，尽可能将瓷土中的气泡排挤出去，才能制成绞胎泥。绞胎瓷的装饰就是凭借胎体的纹理和色彩，无须过多雕琢。

古代陶瓷捶丸尺寸通常较小，因此采用绞胎工艺制作具有独特优势。这既可以保证烧制质量的稳定，又避免了表面绘有纹饰的陶瓷捶丸在使用中纹饰容易脱落的问题，实现了装饰的持久性。然而，由于两种不同泥料的膨胀系数有差异，绞胎球丸的强度可能略低于其他球丸，耐用性也略差。

根据陶瓷捶丸标本的胎、釉色度参数，可以绘制出色度值 a^* 与 b^* 的二维散点图（图 6-1）。由表 6-2 和图 6-1 可知，除标本 NM-1、GY-1（绿釉）和 DD-7 外，其余标本的 a^* 值均为正值，主要集中于 1—17；b^* 值均为正值，且大部分集中于 10—20。因此可以说，唐至民国时期北方和南方陶瓷捶丸标本均呈现红偏黄特征。[1] 陶瓷捶丸标本胎体的化学组成中，Fe_2O_3 含量范围为 0.6%—5.44%，Ti 含量越高则胎体的黄色调越重。陶瓷捶丸标本中 DD-7 的 Fe_2O_3 含量高达 5.44%，与黑

---

[1] 张旭，曹春娥，卢希龙等．基于图片的传统青瓷分类色度学研究．中国陶瓷，2021，57(6)：80-88，94.

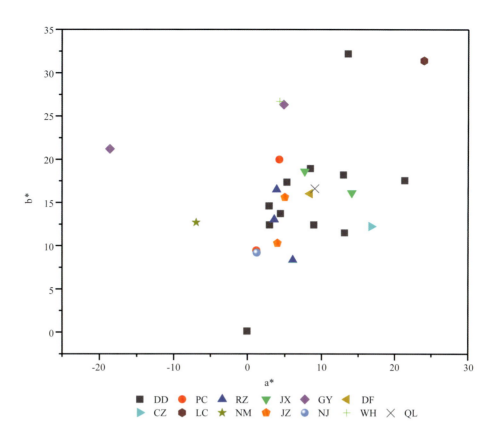

图 6-1　陶瓷捶丸标本的胎、釉色度值二维散点图

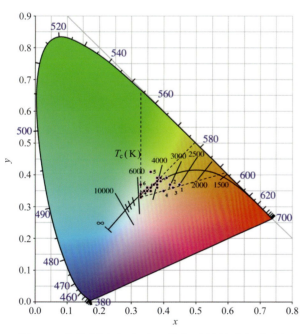

图 6-2　陶瓷捶丸标本胎、釉色度值的空间分布图

瓷胎中含铁量接近[1][2]，加之烧成制度的影响，使 DD-7 的胎体呈黑色。标本 NM-1 和 GY-1 的表面含绿色装饰材料与绿釉，因此 a* 值均为负值且绝对值较小，分别为 –6.93 和 –18.58（表 6-2）。

　　将陶瓷捶丸标本的胎、釉色度值绘于 CIE（国际照明委员会）1976 色度空间（图 6-2），将标本的胎、釉色度值分别与等能白点 We（0.333，0.333）连接，并延长与光谱轨迹相交，交点即为色度点所对应的波长。[3] 除个别

① 李文杰. 中国古代制陶工程技术史. 太原：山西教育出版社，2017: 8.
② 李家治. 中国科学技术史·陶瓷卷. 北京：科学出版社，1998: 240.
③ 丁二宝，杨孟丽，刘楠楠等. 鹤壁小李庄及砂锅古窑址钧瓷釉组成与呈色特征研究. 陶瓷研究，2022, 37 (6): 62-65.

点外，其他标本色坐标一致性较好，主波长为 577.50nm，呈黄色调，整体波长范围为 555.00—597.50nm，色调青（绿）黄至黄红调。

从上述结果可知，标本铁含量波动较大，可能是周围含铁黏土种类较多，制作陶瓷捶丸时原料淘洗不充分，或加工工艺不够精细。

二、陶瓷捶丸标本化学组成分析

表 6-3 为陶瓷捶丸标本的主次量元素组成。从表中可以看出，陶瓷捶丸标本的化学组成与当时陶瓷胎的组成成分略有不同，如标本 QL-1 胎中 SiO_2 含量 52.19%，Al_2O_3 含量

表 6-3　陶瓷捶丸标本的主次量元素组成　　　　　单位：%

标本	化学组成											烧失（IL）
	SiO_2	Al_2O_3	TFe_2O_3	CaO	MgO	K_2O	Na_2O	P_2O_5	SO_3	MnO	TiO_2	
DD-1	38.81	56.69	1.12	0.79	0.41	1.06	0.06	0.06	0.04	0.01	0.70	0.95
DD-2	34.40	59.15	2.07	0.87	0.47	1.74	0.07	0.07	0.10	0.02	0.85	0.91
DD-3	17.56	75.94	1.86	1.02	0.53	0.87	0.04	0.04	0.14	0.02	1.77	0.97
DD-4	53.49	39.42	2.67	0.84	0.55	1.74	0.06	0.06	0.03	0.04	0.90	1.10
DD-5	27.08	64.34	3.39	0.67	0.57	1.32	0.13	0.13	0.02	0.02	2.25	0.78
DD-6	49.67	43.89	2.39	0.70	0.60	1.51	0.17	0.17	0.03	0.04	0.79	1.24
DD-7	53.50	34.81	5.44	0.90	1.47	2.43	0.10	0.10	0.04	0.09	0.70	0.59
DD-8	50.74	44.09	0.60	0.36	0.31	2.66	0.03	0.03	0.04	0.08	0.06	0.78
DD-9	55.28	35.48	4.52	0.96	0.57	1.93	0.12	0.12	0.06	0.06	0.78	1.15
PC-1	53.92	39.24	2.47	0.58	0.56	2.02	0.06	0.06	0.01	0.02	0.87	1.13
RZ-1	46.68	47.93	1.71	0.65	0.45	1.46	0.06	0.06	0.04	0.02	0.77	1.32
RZ-2	50.18	43.37	1.76	0.84	0.60	1.82	0.06	0.06	0.05	0.01	1.08	0.82
JX-1	47.10	47.37	1.79	0.66	0.47	1.50	0.06	0.06	0.04	0.02	0.75	1.33
GY-1	35.03	59.71	1.34	0.50	0.37	1.47	0.10	0.10	0.04	0.01	1.24	1.25
DF-1	45.44	48.56	1.84	0.86	0.45	1.48	0.06	0.06	0.04	0.02	0.91	1.09
CZ-1	16.18	78.51	1.37	0.71	0.37	0.47	0.14	0.14	0.06	0.01	2.01	0.72
LC-1	53.19	34.85	3.55	2.22	1.59	2.07	0.25	0.25	0.03	0.09	0.49	1.39
NM-1	60.76	33.99	0.63	0.44	0.42	3.22	0.05	0.05	0.06	0.06	0.04	1.00
JZ-1	53.44	40.48	0.67	0.27	0.29	3.42	0.06	0.06	0.07	0.01	0.81	1.31
NJ-1	50.03	45.57	0.61	0.40	0.42	2.59	0.05	0.05	0.08	0.04	0.05	0.99
WH-1	16.47	77.34	1.71	0.31	0.54	0.28	0.08	0.08	0.02	0.01	3.06	0.60
QL-1	52.19	40.47	0.88	0.22	0.37	4.66	0.07	0.07	0.06	0.01	0.77	1.24

40.47%，为低硅高铝质黏土原料，选择原料的工艺精细程度不如邛崃窑陶瓷胎。研究表明，邛崃窑陶瓷除个别外，胎中 SiO_2 含量均在 72% 以上，Al_2O_3 含量均在 15% 左右，呈现高硅低铝的特点，明显具有南方瓷器的特点。[1][2]

整体来看，22 件陶瓷捶丸标本胎化学组成中 SiO_2 含量为 16.18%—60.76%，Al_2O_3 含量为 33.99%—78.51%，两者波动范围较大，普遍采用两类黏土，分别是易熔黏土和耐火黏土，如标本 DD-7、LC-1 的 SiO_2 含量分别为 53.50%、53.19%，Al_2O_3 含量分别为 34.81% 和 34.85%，CaO、MgO、K_2O、Na_2O 总量均在 4% 以上；标本 DD-3、CZ-1、WH-1 三者的 Al_2O_3 含量均高于 75%，烧结温度高。表中有 8 个标本（DD-4、DD-7、DD-9、PC-1、LC-1、JZ-1、QL-1、NM-1）胎的 SiO_2 含量明显高于 Al_2O_3（差值大于 10 个百分点），7 个标本（DD-6、DD-8、RZ-1、RZ-2、JX-1、DF-1、NJ-1）胎化学组成的 SiO_2 与 Al_2O_3 含量基本持平（差值小于 10 个百分点），7 个标本（DD-1、DD-2、DD-3、DD-5、GY-1、CZ-1、WH-1）胎的 Al_2O_3 含量远高于 SiO_2，尤其是 DD-3、CZ-1 和 WH-1。这说明，古代陶瓷捶丸胎体的化学成分随历史的发展不断变化，其演变规律不同于陶瓷胎体的整体演变规律[3]，而是反映了古代匠人对陶瓷捶丸元素组成与实用功能关系的不断认识和发展。

22 个陶瓷捶丸标本的吸水率见表 6-4，大致的分布情况见图 6-3。其中有 5 个标本的吸水率在 3% 以下，其他标本的吸水率主要集中于 4%—13%。吸水率高于 15% 的已属于粗陶器范畴，如标本 LC-1 和 WH-1。可见作为娱乐对象的古代陶瓷捶丸，无论北方还是南方，多以陶质器出现，胎体多粗糙，结构疏松，致密性差，但偶尔也有吸水率低、致密性好的，不过整体制作工艺不如陶瓷器精致。

结合 22 个标本的化学成分可知，高吸水率标本中有 6 个（DD-1、DD-3、DD-5、GY-1、CZ-1、WH-1）属于高铝低硅质，系采用铝矾土和黏土为原料制作，因其烧结温度较高而难以良好烧结；有 5 个标本（DD-4、DD-7、DD-9、LC-1、NM-1）具有典型高硅低铝特点，化学成分接近高岭土，属于典型生烧。

依据标本的表面宏观特征和年代数据，唐及宋早期的陶瓷捶丸基本都采用高铝或铝矾土原料烧制。Al_2O_3 含量越高，耐火度越高，因而不易烧成理想的陶瓷捶丸。采用此类原料烧制的捶丸多为陶质或未烧结，致密性差，强度低，耐用性不高。陶土质球丸早期以陶土为原料，其特点为原料易得，成型方便，

① 张福康. 邛崃窑的研究 // 李家治，陈显求. 古陶瓷科学技术 1：1989 年国际讨论会文集（ISAC'89）. 上海：上海科学技术文献出版社，1992：50-53.
② 李家治. 中国科学技术史·陶瓷卷. 北京：科学出版社，1998：141.
③ 李家治. 我国古代陶器和瓷器工艺发展过程的研究. 考古，1978(3)：179-188.

表 6-4　陶瓷捶丸标本的吸水率　　　　　单位：%

标本	DD-1	DD-2	DD-3	DD-4	DD-5	DD-6	DD-7	DD-8	DD-9	PC-1	RZ-1
吸水率	7.84	0.15	9.56	7.04	12.30	9.06	10.84	0.30	7.95	4.98	4.47

标本	RZ-2	JX-1	GY-1	DF-1	CZ-1	LC-1	NM-1	JZ-1	NJ-1	WH-1	QL-1
吸水率	0.40	5.68	7.54	11.51	12.00	16.00	10.51	3.97	0.01	16.97	0.61

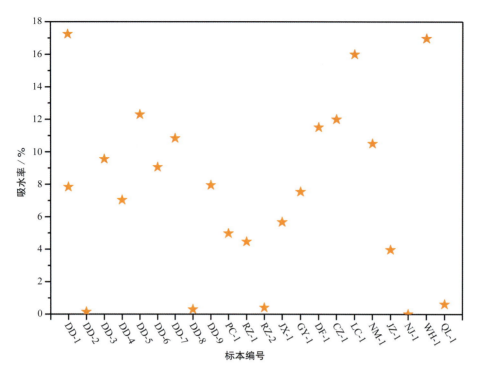

图 6-3 陶瓷捶丸标本吸水率的分布情况

图 6-4 陶土质球丸（标本 DD-5）（左）的体视显微图（右）

烧制容易。图 6-4 右图为标本 DD-5 放大后的细节。图中显示，样品断口含较多陶土矿物颗粒，颗粒被液相包覆形成烧结体。陶土质球丸烧结过程中出现大量液相是因为成分中含有较高质量分数的碱金属、碱土金属矿物及氧化铁等杂质。高温下，上述矿物与 Al_2O_3 和 SiO_2 反应，形成低共熔玻璃态液相。液相在表面张力作用下填充胎体微观孔隙，将残余石英和黏土结合在一起形成烧结体。因玻璃相的存在，陶土质胎体烧结温度低，耐火度较差，1100℃以上易发生熔融变形现象。

随着工匠对原料和烧成成品品质关系认识的提升，他们逐渐调整陶瓷捶丸标本氧化物成分比例，降低 Al_2O_3 含量，提高 SiO_2 含量。通过对比不同年代陶瓷捶丸标本的主次量元素组成，发现元明清时期的标本中，有的

SiO₂ 含量基本与 Al₂O₃ 持平或略低，材质基本属于瓷质，吸水率相对较低，致密度较高；有的属于高硅低铝类型（如标本 DD-4、DD-7、LC-1、NM-1），耐火度下降，瓷化效果良好，因而成品捶丸品质良好。

陶和瓷的主要区别之一在于原料。陶器原料为陶土，耐火度较低；瓷器原料为纯度较高的瓷土，主要成分为 Al_2O_3 和 SiO_2 的混合物。地球上瓷土种类众多，如高岭土、蒙脱石、伊利石、水铝英石等。瓷土矿物的 Al/Si 摩尔比多为 0.5—2，耐火度随摩尔比增加而上升。

高纯度黏土因碱金属、碱土金属氧化物等杂质含量少，因而其高温行为可依据 SiO_2-Al_2O_3 二元平衡相图来判定。图 6-5 右图为标本 DD-4 断口的 15 倍体视显微图，可以看出，莫来石和石英矿物组成了高纯度黏土球丸显微结构的主体，和标本 DD-4 的主要物相（图 6-10）相似。此外，少量的玻璃相散布其间，起到了高温液相烧结的作用。

从图 6-6 可知，当 Al_2O_3 的质量百分数为 9% 时，Al_2O_3-SiO_2 二元系统达到低共熔成分点，此时的低共熔温度为 1595℃。随着 Al_2O_3 含量增加，二元系统的耐火度也随之上升，这表明理论上纯黏土的耐火度至少应达

到 1500℃。然而，实际中由于 Na_2O、K_2O 等碱金属氧化物，MgO、CaO 等碱土金属氧化物及 Fe_2O_3 等杂质的引入，黏土矿物的实际低共熔点温度会比理论数据有所降低，但其耐火度通常仍在 1400℃以上。无论如何，耐火度的提升都伴随着球丸热稳定性的增强，因此隋唐之后烧制的陶瓷捶丸大多采用了黏土质材料。

图 6-7 下图为标本 DD-3（粗颗粒石英增强粗质球丸）断口的 15 倍体视显微图。可以看出，黏土及其他熔剂类矿物在高温下与石英颗粒表面发生反应，形成玻璃相，并将石英颗粒黏结起来，构成多孔结构。SiO_2 在升降温过程中易发生重构型晶型转变，伴随体积膨胀。因此，尽管石英类材料具有耐高温性，但其抗热震性较差，在经受反复升降温操作时容易开裂。瓷石作为一种高 SiO_2 含量的黏土矿物，其矿物颗粒细小，处于纳米或微米尺度范围内。在高温下，细小的石英矿物在液相作用下发生熔融、颗粒重排、液相传质、颗粒间晶界迁移和晶粒长大等现象，最终形成由玻璃相、莫来石相及大量熔融石英构成的致密烧结体。然而，高温下石英的反复重构型晶型转变会在陶瓷捶丸的显微组织内部

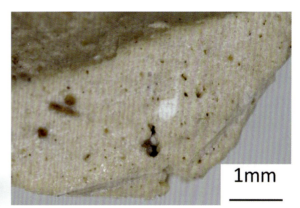

图 6-5　高纯度黏土球丸（标本 DD-4）（左）断口的体视显微图（15x）（右）

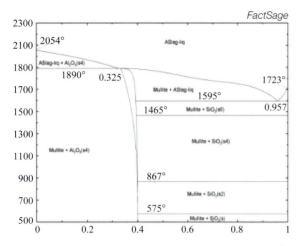

图 6-6 Al$_2$O$_3$-SiO$_2$ 二元平衡相图（软件截图）①

图 6-7 粗质球丸（标本 DD-3）（上）断口的
体视显微图（15x）（下）

产生较大内应力，进而导致球丸最终开裂。因瓷石中 SiO$_2$ 含量较高，窑工在与粗颗粒石英相调配时，通常不会选择瓷石作为原料，而是选择 SiO$_2$ 含量较低的高纯度黏土或长石类原料。

无论如何，工艺的演变并非随时间发展呈现明显的一维趋势。在整个时间和地域的范畴内，工艺演变仅呈现出一种统计意义上的规律。例如，标本 CZ-1（宋代，河北磁州窑）的 Al$_2$O$_3$ 含量较 SiO$_2$ 高出许多，而同时代的标本 QL-1（宋代，四川邛崃窑）的化学组成则相反。这表明，随着工艺的发展，在整个时间和地域的广度上，氧化物成分的变化是有一定规律的，但不同地域、同一时代的标本之间存在着明显的差异性。

三、陶瓷捶丸标本物相与显微结构分析

唐宋元时期，击鞠运动兴起。陶瓷质球丸因易于烧制、原材料丰富、制作成本低，因而成为唐代以来球丸制品的主要材质。本小节采用 XRD、SEM 对部分标本的胎、釉进行物相和显微结构分析，同时还采用 EDX 对微区进

行了元素测试。

从图 6-8 可知，标本 DD-1 的物相主要是刚玉、石英、莫来石，PDF 编号（物相卡片序号）分别是 10-0173、46-1045、15-0776。其显微结构中形貌特征主要为片状、球状或颗粒状与短针状，其中短针状结构的平均尺寸为 1.50μm。通过对其定点（+2）的能谱分析可知，其元素主要为 O、Si、Al，含量分别为 58.36%、13.28%、16.13%。结合该标本的 XRF 和 XRD 结果，可知这种短针状形态正是莫来石晶体。标本 DD-1 的热膨胀测试结果表

---

① 软件来源及数据库地址：http://www.factsage.cn/fact/download_c.php.

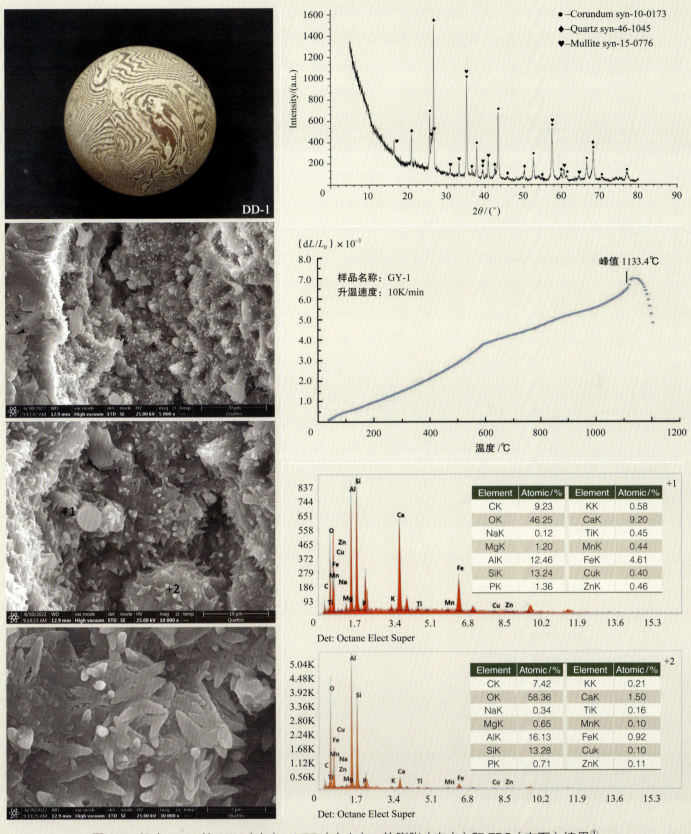

图 6-8　标本 DD-1 的 SEM（左）、XRD（右上）、热膨胀（右中）和 EDS（右下）结果①

---

① 囿于版面所限，本小节此类图仅为示意性的。为方便同行交流，未对业界熟知的术语进行翻译。

明，其最高烧成温度为 1133.4℃，根据 K-Al-Si 三元相图可知，此时标本组成接近莫来石晶区的低共熔点（985℃）附近，可生成形貌发育不充分的莫来石晶相。[1] 微区（+1）的组成元素以 O、Si、Al、Ca 为主，含量分别为 46.25%、12.46%、13.24%、9.20%，应为含钙的玻璃相。结合 XRD 结果，可知球状或颗粒状形貌结构可能是石英与刚玉的混合体。[2]

从图 6-9 可知，标本 DD-2 的物相主要是刚玉、石英（热液石英）、莫来石，PDF 编号分别是 46-1212、13-0026、15-0776。其显微

---

[1] 宋晓岚，黄学辉. 无机材料科学基础（第二版）. 北京：化学工业出版社，2020: 285.
[2] 谭青艳. 刚玉瓷显微结构特征及影响因素. 陶瓷工程，1997 (2): 16-17, 23.

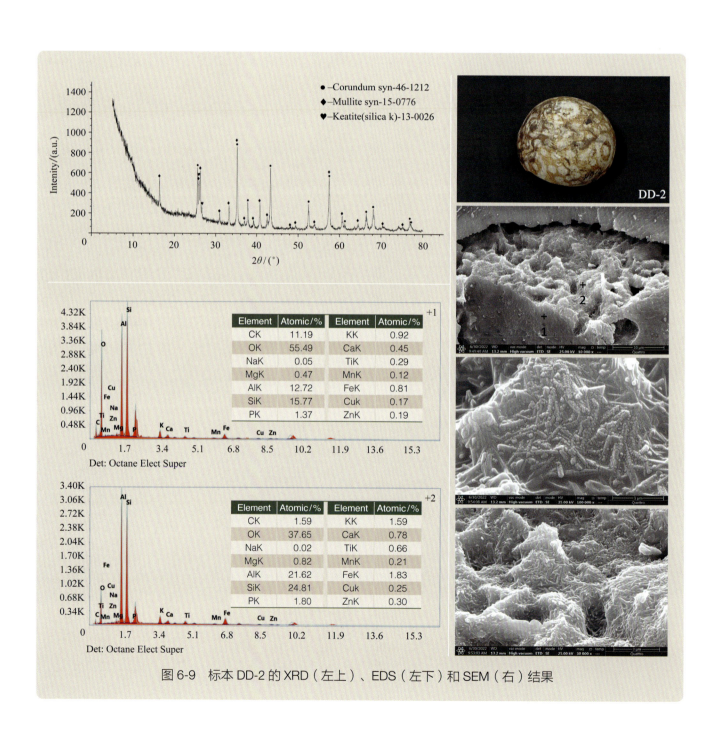

图 6-9　标本 DD-2 的 XRD（左上）、EDS（左下）和 SEM（右）结果

结构中存在 3 种不同的形貌特征，分别为短针状交叉聚合体、颗粒状与棱角 – 磨圆多边体，其中短针状结构平均尺寸为 0.50μm。通过对其定点（+2）的能谱分析可知，其元素主要为 O、Si、Al，含量分别为 37.65%、24.81%、21.62%。结合该标本的 XRF 和 XRD 结果，可知这种短针状形态应是发育不充分的莫来石晶体。微区（+1）的组成元素以 C、O、Si、Al

为主，含量分别为 11.19%、55.49%、15.77%、12.72%。结合 XRD 结果，可知球状或颗粒状形貌结构可能是石英与刚玉的混合体。

从图 6-10 可知，标本 DD-4 的物相主要是石英、刚玉、莫来石、鳞石英，PDF 编号分别是 46-1045、10-0173、15-0776、42-1401。其显微结构中形貌特征主要以不规则片状集合体为主，有少量针状结构，且有一

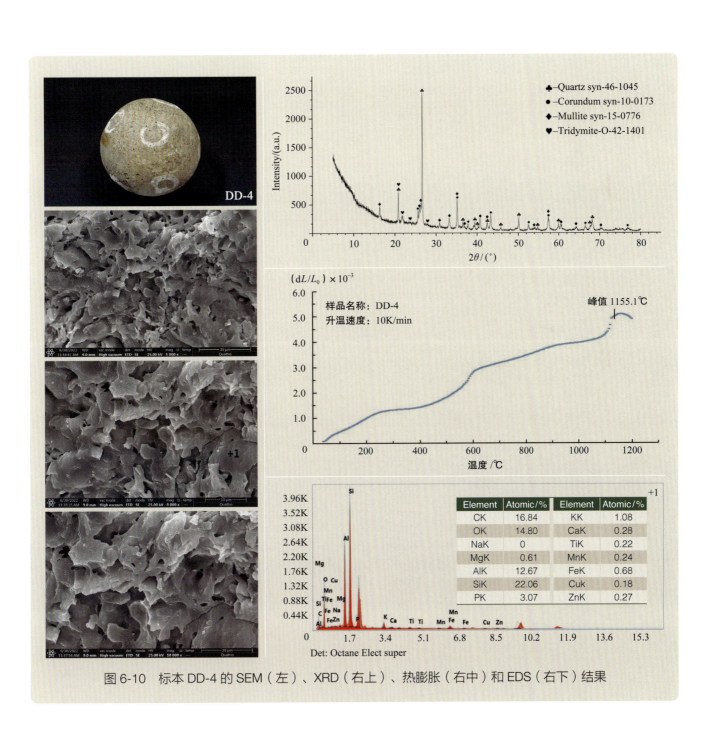

图 6-10　标本 DD-4 的 SEM（左）、XRD（右上）、热膨胀（右中）和 EDS（右下）结果

定的孔隙率。通过对其定点（+1）的能谱分析可知，其组成元素主要为 O、Si、Al，含量分别为 14.80%、22.06%、12.67%。标本 DD-4 的热膨胀测试结果表明，其最高烧成温度为 1155.1℃，此时石英已有条件转换成鳞石英（870—1470℃）。XRF 结果显示，DD-4 属于高硅低铝黏土原料，当温度达到 1100℃以上，黏土中某些物质开始产生液相并促使莫来石晶核生成[①]，但由于当时最高烧成温度较低（1155℃），莫来石晶体生成与发育的热力学与动力学条件不充分，导致晶体含量较少。

从图 6-11 可知，标本 DD-7 的物相主要是石英、刚玉、硅酸镁、正长石，PDF 编号分别是 46-1045、10-0173、47-1750、31-0966。其显微结构中形貌特征主要有不规则片状或板状、碎屑状集合体、球状或颗粒状。通过对其定点的能谱分析可知：微区（+1）的组成元素以 O、Si、Al 为主，含量分别为 53.67%、14.9%、7.53%；微区（+2）的组成元素以 O、Si、Al 为主，含量分别为 47.85%、19.18%、9.45%；微区（+3）的组成元素以 O、Si、Al 为主，含量分别为 46.53%、26.13%、3.33%。其中微区（+1）和（+2）还含有 Mg，含量分别是 1.39% 和 1.49%，这与采用的原料有关。其采用的原料质量较差且含有一定的含 MgO 与 K_2O 物质的粗颗粒，如镁橄榄石与长石，这与 XRD 结果一致。标本 DD-7 的热膨胀测试结果表明，其最高烧成温度只有 973.0℃。结合 XRF 结果可知，标本 DD-7 中的熔剂性成分含量达到 4% 以上，属于易熔黏土类型。

从图 6-12 可知，标本 DD-8 的物相主要是石英、刚玉、莫来石，PDF 编号分别是 46-1045、46-1212、15-0776。其显微结构中主要存在 3 种形貌，分别是圆球状及其集合体、针状、不规则片状，其中球状结构的平均尺寸约为 1.5μm。通过对其定点的能谱分析可知：微

区（+1）的组成元素以 O、Si、Al 为主，含量分别为 32.26%、29.11%、10.46%；微区（+2）和（+3）的组成元素以 O、Si、Al 为主且含量接近，分别约 48.85%、16.55%、6.03%；微区（+2）还含有 4.11% 的 Ca，可能是钙的玻璃相。标本 DD-8 的热膨胀测试结果表明，超过 1300℃时还未出现拐点，说明烧成温度可能已超过 1300℃。该标本的吸水率只有 0.3%，致密性与瓷化效果均较好。结合 XRD 结果可知，标本 DD-8 的针状结构为莫来石晶体；而根据微区的组成分析，圆球状结构很可能是以颗粒状石英为基础，在其表面形成了莫来石与刚玉的晶核。

从图 6-13 可知，标本 RZ-1 和 RZ-2 的物相均主要为石英、刚玉、莫来石和鳞石英，PDF 编号分别是 46-1045、46-1212、15-0776、42-1401。其显微结构中同样都存在不规则碎屑状和针状形貌，只是 RZ-1 的针状形貌短而粗（平均尺寸为 1.00μm），RZ-2 的针状形貌则细长（平均尺寸为 2.50μm）。标本 RZ-1 的热膨胀测试结果（图 6-14）表明，其最高烧成温度为 1188.3℃，可生成形貌发育不充分的莫来石晶相[②]；而标本 RZ-2 的热膨胀测试结果则显示，当温度超过 1300℃时还未出现拐点，说明其烧成温度已超过 1300℃，高于 RZ-1。在合适的热力学条件下，RZ-2 中的莫来石呈现出针状化并呈二维化纵向生长的特点。

从图 6-15 可知，标本 JX-1 的物相主要为石英、刚玉、鳞石英和莫来石，PDF 编号分别是 46-1045、46-1212、42-1401、15-0776。其显微结构中主要存在不规则碎屑状、片状，

---

① 马铁成.陶瓷工艺学（第二版）.北京：中国轻工业出版社，2011：43-44.

② 宋晓岚，黄学辉.无机材料科学基础（第二版）.北京：化学工业出版社，2020：285.

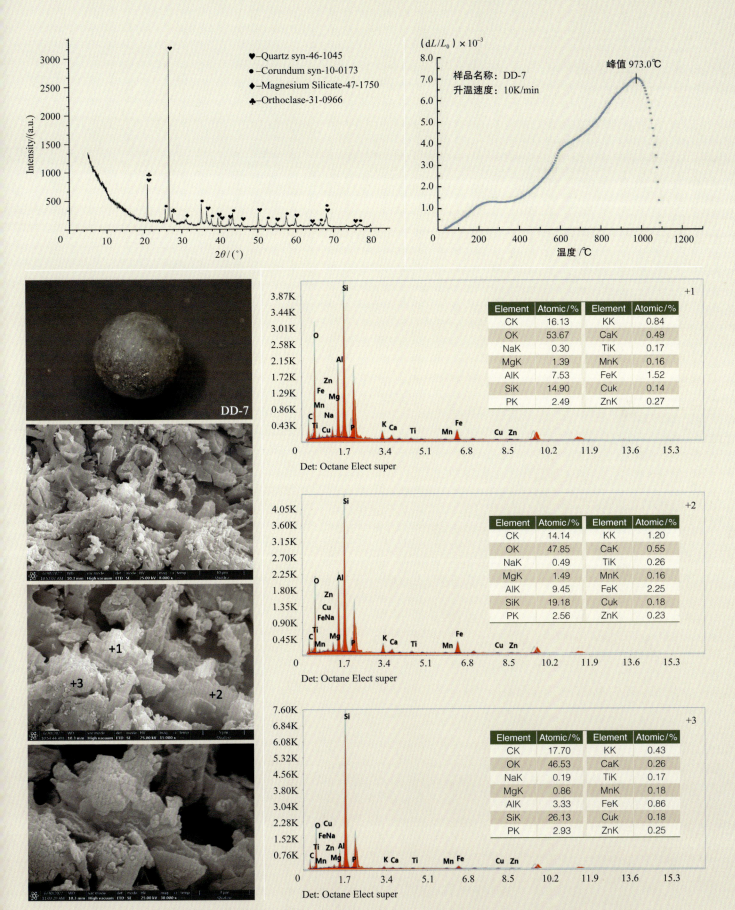

图6-11　标本 DD-7 的 XRD（左上）、热膨胀（右上）、SEM（左下）和 EDS（右下）结果

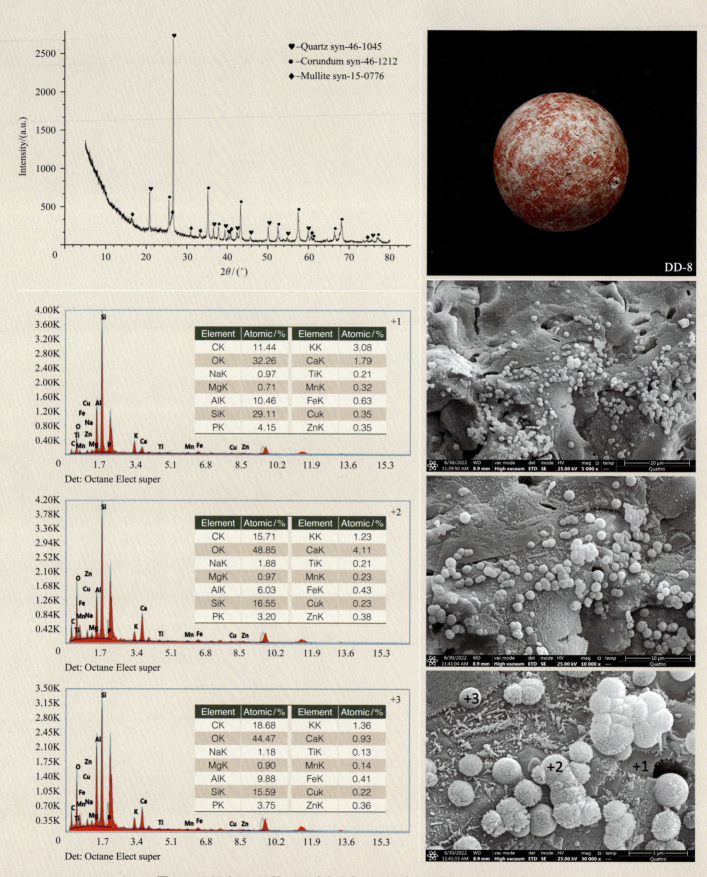

图 6-12　标本 DD-8 的 XRD（左上）、EDS（左下）和 SEM（右）结果

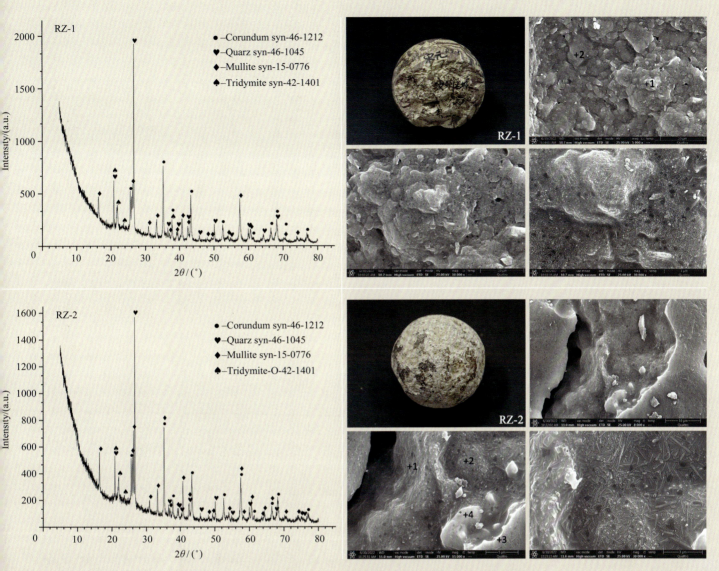

图 6-13　标本 RZ-1 和 RZ-2 的 XRD（左）、SEM（右）结果

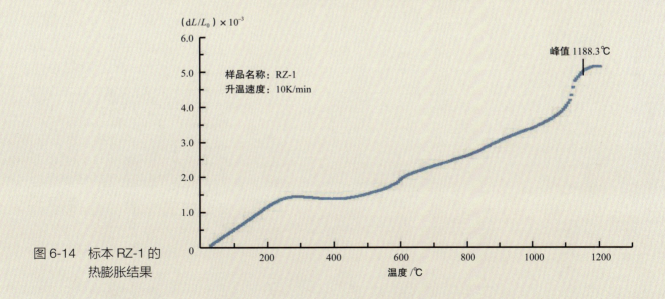

图 6-14　标本 RZ-1 的
热膨胀结果

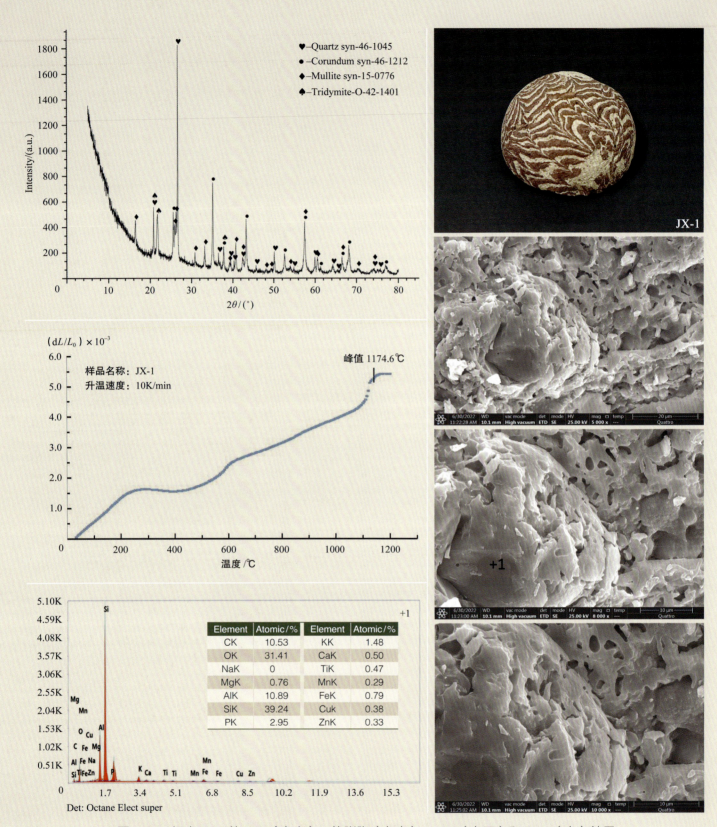

图 6-15　标本 JX-1 的 XRD（左上）、热膨胀（左中）、EDS（左下）和 SEM（右）结果

偶有短针状晶体。通过对其定点（+1）的能谱分析可知，其主要组成元素为 O、Si、Al，含量分别为 31.41%、39.24%、10.89%。热膨胀测试结果表明，标本 JX-1 的最高烧成温度为 1174.6℃，可生成形貌发育不充分的莫来石晶相。综合来看，扫描电镜下的短针状应为莫来石。

从图 6-16 可知，标本 PC-1 的物相主要为石英、刚玉、鳞石英和莫来石，PDF 编号分别是 46-1045、46-1212、42-1401、15-0776。其显微结构中主要存在不规则碎屑状集合体和短针状形貌。通过对其定点（+3）的能谱分析可知，其组成元素主要为 O、Si、Al，含量分别为 51.79%、11.02%、4.91%。标本 PC-1 的热膨胀测试结果显示，其最高烧成温度为 1161.0℃，可生成形貌发育不充分莫来石晶相。

从图 6-17 可知，标本 LC-1 的物相除了石英（PDF：46-1045）、刚玉（PDF：10-0173）外，主要还有钠长石和硅酸铝钙，PDF 编号分别是 10-0393、52-1344。其显微结构中主要存在不规则块状集合体、颗粒状、鳞片状集合体形貌。通过对其定点（+1、+2）的能谱分析可知，两个微区的组成元素主要均为 O、Si、Al 且含量接近，Mg 含量均在 2% 以上。标本 LC-1 的热膨胀测试结果显示，其最高烧成温度为 1120.0℃。

从图 6-18 可知，标本 QL-1 釉的物相主要有石英、刚玉、莫来石，PDF 编号分别是 46-1045、46-1212、15-0776。其显微结构中存在少量碎屑和大量针状形貌，平均尺寸为 1.50μm。结合 XRF 结果可知，标本 QL-1 表面的釉层应为碱釉，针状体为莫来石晶体。通过对其定点（+1、+2、+3）的能谱分析可知，三个微区的组成元素主要均为 O、Si、Al 且含量接近，三个微区 K 含量均在 2% 以上，其中微区（+1）的 K 含量高达 4.12%，

其烧结温度较低。标本 QL-1 胎的热膨胀测试结果显示，其最高烧成温度已超过 1300℃，表明标本的瓷化效果与致密度均较高，强度较好。对比标本 PC-1、LC-1 和 QL-1 的 XRD 图谱，可知 LC-1 和 QL-1 的石英衍射峰峰型尖锐，但 LC-1 的最高烧成温度是 1120℃，石英晶相应是原料中未熔解于液相的残留石英。

从图 6-19 可知，标本 JZ-1 的物相主要为石英、刚玉、莫来石，PDF 编号分别是 46-1045、10-0173、15-0776）。其显微结构中主要存在不规则块状集合体、碎屑形貌。通过对其定点的能谱分析可知，微区（+1）和（+2）的组成元素主要均为 O、Si、Al，含量分别为 56.87%、17.68%、13.85% 和 62.50%、15.45%、9.36%。

从图 6-20 可知，标本 CZ-1 的物相主要为刚玉和莫来石，PDF 编号分别是 46-1212、15-0776。在 16°、26°、35° 和 44° 左右的衍射峰均较强，且这些衍射峰均为莫来石的衍射峰。对比标准莫来石粉末衍射图谱可以发现，标本 CZ-1 在 35° 的莫来石三强峰强度高于一强峰和二强峰，这表明该标本在烧结过程中莫来石晶体发生了取向生长。标本 CZ-1 的显微结构中主要存在 3 种形貌，即片状集合体、球状和针状，针状结构的平均尺寸为 3.00μm。结合 XRD 结果及晶体的结晶习性可知，针状形貌应为莫来石晶体，片状结构可能是莫来石晶体发生取向生长后的形态。通过对其定点（+1、+2、+3）能谱分析可知，其主要元素均为 O、Si、Al，其中 O 含量均在 55% 以上，Si 含量均在 8% 以下，Al 含量均在 20% 以上。结果可知，标本 CZ-1 属于富铝球丸，表明宋代磁州窑地区的原料中铝矾土含量较高。为了保证烧制的稳定性，陶瓷捶丸采用了黏土与铝矾土混合配制而成。

对比上述标本，标本 GY-1 显得比较独特。对比其绿釉和黄釉的 SEM 显微结构（图 6-21）

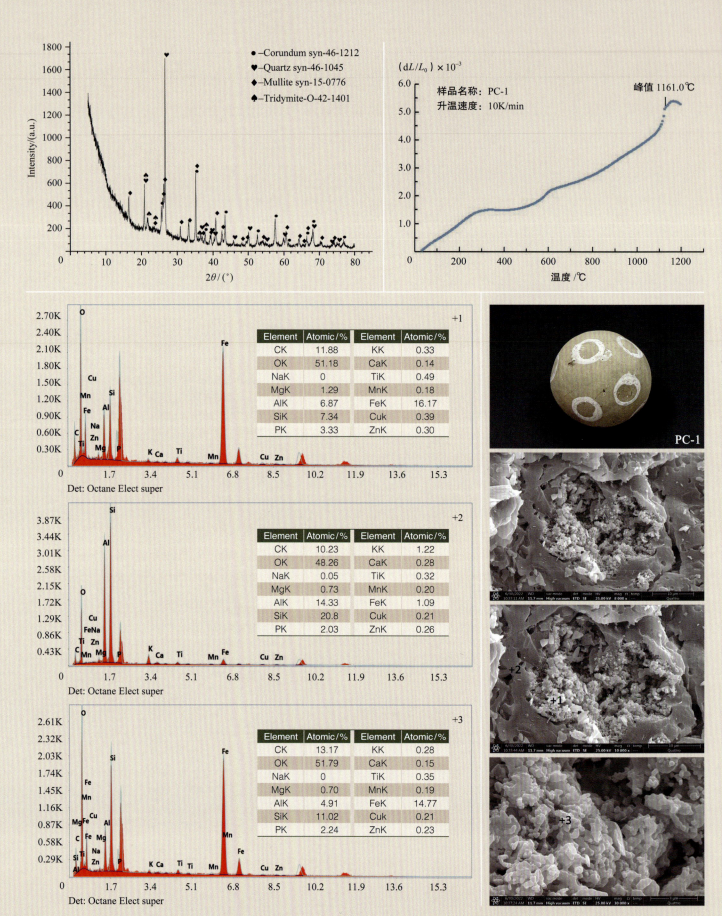

图 6-16　标本 PC-1 的 XRD（左上）、热膨胀（右上）、EDS（左下）和 SEM（右下）结果

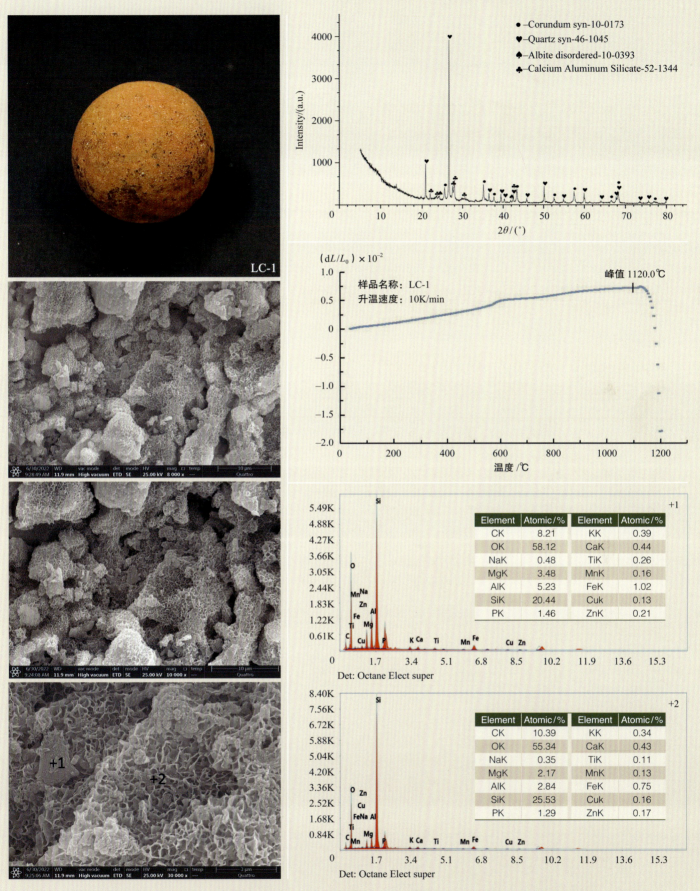

图 6-17　标本 LC-1 的 SEM（左）、XRD（右上）、热膨胀（右中）和 EDS（右下）结果

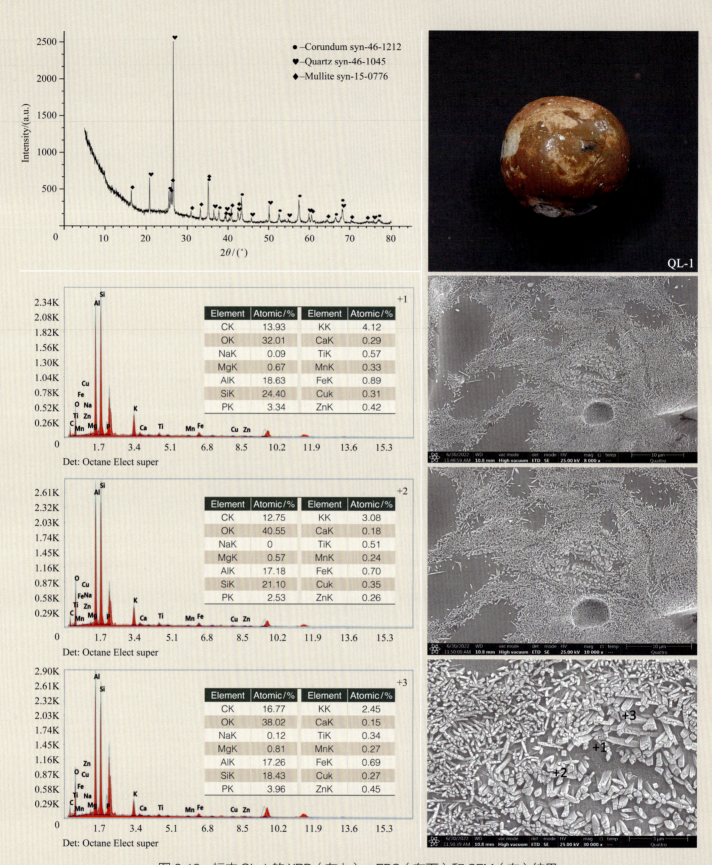

图 6-18　标本 QL-1 的 XRD（左上）、EDS（左下）和 SEM（右）结果

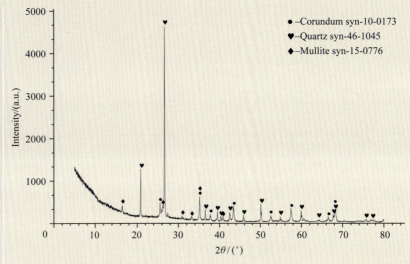

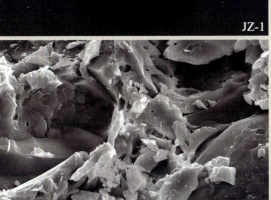

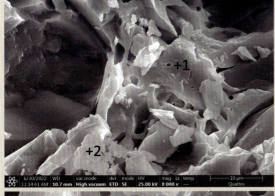

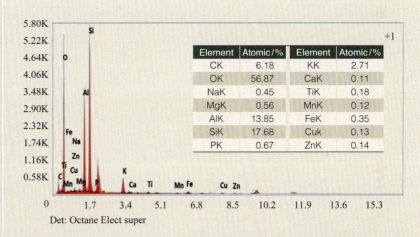

Element	Atomic/%	Element	Atomic/%
CK	6.18	KK	2.71
OK	56.87	CaK	0.11
NaK	0.45	TiK	0.18
MgK	0.56	MnK	0.12
AlK	13.85	FeK	0.35
SiK	17.68	CuK	0.13
PK	0.67	ZnK	0.14

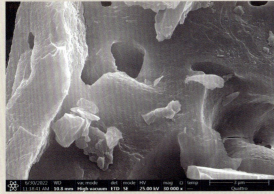

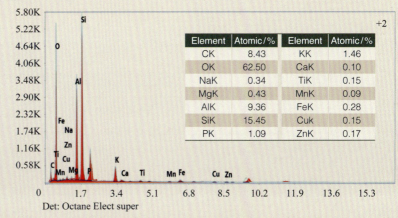

Element	Atomic/%	Element	Atomic/%
CK	8.43	KK	1.46
OK	62.50	CaK	0.10
NaK	0.34	TiK	0.15
MgK	0.43	MnK	0.09
AlK	9.36	FeK	0.28
SiK	15.45	CuK	0.15
PK	1.09	ZnK	0.17

图 6-19 标本 JZ-1 的 SEM（左）、XRD（右上）和 EDS（右下）结果

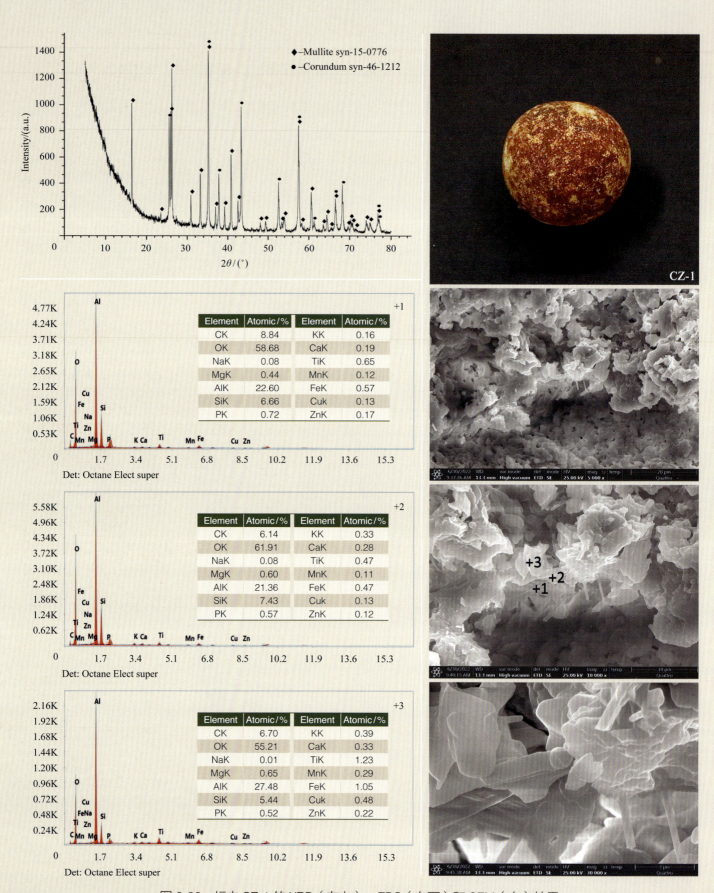

图 6-20　标本 CZ-1 的 XRD（左上）、EDS（左下）和 SEM（右）结果

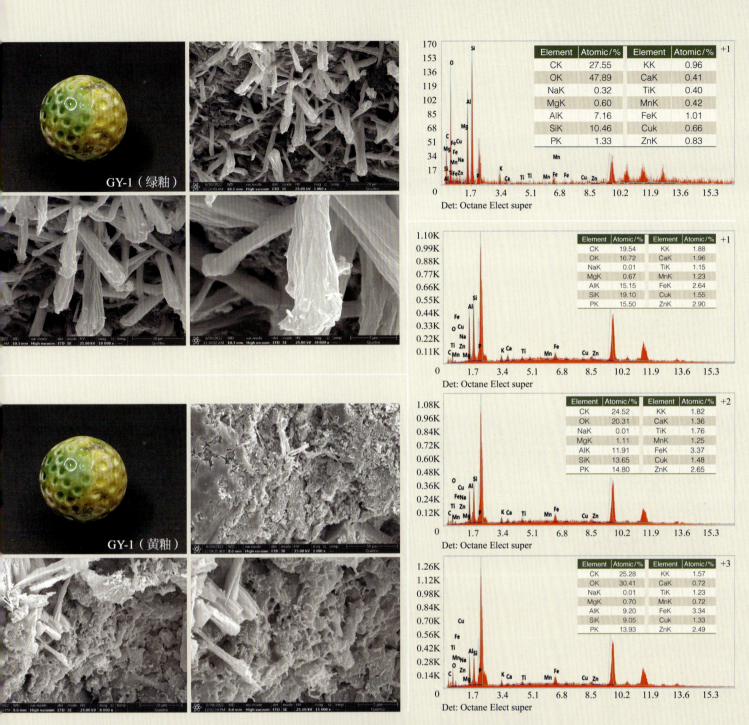

图6-21 标本GY-1绿釉和黄釉的SEM（左）和EDS（右）结果

可发现：绿釉层中呈现大量片状结构垛叠而成的集合体，平均尺寸大于7.00μm；而黄釉层片状集合体结构较绿釉层少而短，平均尺寸约为5.00μm，边缘呈碎裂状。对两个层位进行定点能谱分析，结果显示：绿釉层中的棒状晶体（+1）主要元素O、Si、Al的含量分别为47.89%、10.46%、7.16%，而Cu、Ti、Fe的含量分别为0.66%、0.40%、1.01%，这表明绿釉的着色剂是氧化铜；黄釉层中的片状晶体（+3）中P、Ti、Fe的含量分别为13.93%、1.23%、3.34%，较其他陶瓷捶丸标本高，而O、Si、Al的含量分别为30.41%、

9.05%、9.20%，较其他陶瓷捶丸标本低。其他两个微区（+1）和（+2）似乎也存在这样的特征，这两个微区的 n（Si/Al）≈1.0，表明该处结构是一种莫来石的前驱体，更加偏向于偏高岭土在烧制过程中的中间产物。黄釉层中因 Ti、P 含量较高，烧制过程中局部液相量较多，Ti、P 元素融入液相而使得黄釉呈现明显的黄色。

标本 GY-1 的热膨胀测试结果（图 6-22 右）显示，其最高烧成温度为 1072.5℃。标本 GY-1 的 XRD 图谱（图 6-22 左）显示，其物相主要为刚玉和石英，PDF 编号分别为 46-1212、46-1045。图谱中未观察到中间相莫来石的生成，这暗示了烧制温度可能不足。图谱的谱线尖锐，说明杂相较少。加之 GY-1 的 Al_2O_3 含量为 59.71%，可以推断该标本采用高铝含量黏土或混合了两种黏土进行烧制的。巩义窑坐落于黄河南岸，其窑址沿黄冶河及白冶河分布，包括小黄冶、大黄冶、铁匠炉、白河等村庄，范围约五六公里。这一地区原料资源丰富，表 6-5 为巩县白冶河、芋园两地遗址黏土的化学组成成分分析结果。[①] 尤其值

① 李国桢，郭演仪 . 中国名瓷工艺基础 . 杭州：浙江大学出版社，2012：106.

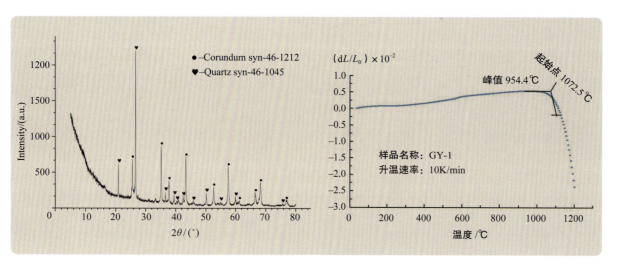

图 6-22　标本 GY-1 的 XRD（左）和热膨胀（右）结果

表 6-5　巩县窑附近陶瓷原料化学分析

名称	特征	氧化物含量（m%）								
		SiO_2	Al_2O_3	Fe_2O_3	CaO	MgO	Ka_2O	Na_2O	灼减量	总量
后山黏土	灰白色	59.82	25.08	0.80	0.58	0.55	4.18	0.88	6.50	98.34
硬质高岭土	青灰硬块	48.08	37.42	0.71	0.89	0.39	0.01	0.03	12.07	99.50
软质高岭土	青灰块状	44.64	38.04	0.54	0.83	0.23	1.78	0.41	11.65	98.12
乔沟黏土	浅灰碎块	63.35	23.73	1.66	0.29	0.56	4.03	/	6.38	100.00
自黏土	灰白碎块	57.16	28.05	0.68	1.58	0.64	8.70	1.97	7.01	99.73

得注意的是，巩县的黏土属于纯度较高的优质高岭土[①]，这种黏土耐火度较高，在高温烧制过程中液相量不足导致没有形成莫来石中间体。

综上来看，古代陶瓷捶丸的物相多以石英、刚玉、莫来石为主，偶有长石、鳞石英、含镁矿物。胎体的显微结构形貌多样，主要表现为针状、球状或颗粒状、片状集合体。针状的平均尺寸因烧成温度等条件的不同而有所差异。能谱定点分析显示，主要组成元素为O、Si、Al，个别标本中P、Ca含量较高。至于釉层特点，可参考标本GY-1，此处不再赘述。

四、陶瓷捶丸标本烧成温度分析

表6-6显示了部分陶瓷捶丸标本的升温速度和烧成温度。由表中可知，除7个标本在热膨胀测试中未出现拐点外，其余标本的烧成温度范围为973—1200℃，主要集中在1100℃。这说明唐至民国时期，南、北方陶

瓷捶丸的烧成温度均低于同时期的标准瓷器，与早期印纹硬陶和多数原始瓷的烧成温度基本相当。[②]首先出现在江南地区的一种新石器时代晚期的印纹硬陶，所用原料不再是易熔黏土，而是一种Fe_2O_3含量较低、较纯的黏土，烧成温度也已提高至1100℃左右。在印纹硬陶出现后不久，又出现了原始瓷，其胎所用原料基本上和某些印纹硬陶相似，窑炉的改进使其烧成温度一般都提高到1200℃左右。[③]

低温下，印纹硬陶和陶瓷捶丸能实现良好的烧结，这必然与其原料成分中碱金属和碱土金属氧化物的含量密切相关。陶瓷捶丸标本中，除了表面彩绘、化妆土装饰、绞胎

---

① 李家治.中国科学技术史·陶瓷卷.北京：科学出版社，1998：149-151.

② 李家治.中国科学技术史·陶瓷卷.北京：科学出版社，1998：82，106.

③ 李家治.中国科学技术史·陶瓷卷.北京：科学出版社，1998：69-70.

表6-6　部分陶瓷捶丸标本的升温速度和烧成温度

编号	升温速度/（K/min）	烧成温度/℃	编号	升温速度/（K/min）	烧成温度/℃
DD-1	10	1133.4	JX-1	10	1174.6
DD-2	10	*	NM-1	10	1198.8
DD-3	10	*	LC-1	10	1120.0
DD-4	10	1155.1	GY-1	10	1072.5
DD-5	10	*	DF-1	10	1120.1
DD-6	10	1123.6	JZ-1	10	1124.4
DD-7	10	973.0	NJ-1	10	*
PC-1	10	1161.0	WH-1	10	*
RZ-1	10	1188.3	QL-1	10	*
RZ-2	10	*			

注：*表示热膨胀测试结果在1300℃仍未出现拐点。

和素胎外，还采用了釉装饰（如 GY-1、QL-1）。我国早期的瓷釉基本属于石灰釉，或称之为钙釉。宋代之后，为了增强瓷釉的高温稳定性，避免流釉现象，改用了石灰碱釉。这表明，无论是胎体还是釉层，CaO 的助熔效果都是明显的。但在实际烧制过程中，助熔效果并非仅由 CaO 决定，而是由 K_2O、Na_2O 和 CaO 等碱金属和碱土金属氧化物的比例与含量共同决定的。当其中任何一类成分的含量远高于正常瓷器的标准范围时，都能促进陶器的低温良好烧结。

研究表明，在 SiO_2-Al_2O_3-CaO 三元系统中，CaO 主要起助熔作用。高温下，CaO 可以大幅度降低系统出现液相的温度。宋代以前，越窑等窑口的青瓷流釉现象明显，这主要是因为 Ca^{2+} 具有较高的极化能力，高温下能加速硅氧四面体中 Si-O 键和铝氧八面体中 Al-O 键的断裂，从而可降低高温熔体的黏度。宋代钧瓷因采用钙釉，流釉现象明显，因此通常采用施釉不到底的工艺来避免。直到北宋官窑、龙泉窑和哥窑时期，随着工艺技术的成熟和石灰碱釉的普及应用，流釉现象才得到了有效控制。综上，相较于 K_2O、Na_2O，CaO 在陶瓷烧制过程中起着更为主要的助熔作用。

表 6-7 为印纹硬陶、宋代耀州窑兔毫盏、宋代定窑白瓷及宋代山东聊城陶瓷捶丸标本 LC-1 的碱金属及碱土金属氧化物成分对比。可以看出，虽然陶瓷捶丸烧制温度远低于建盏或定窑白瓷，但因其 CaO 含量较高，可以实现一定程度的良好烧结。结合表 6-3 可知，陶瓷捶丸标本中的 CaO 质量百分含量通常较高，基本在 0.7% 以上，最高可达 2.22%，表明当时窑工已能掌握含钙矿物的基本性质并加以利用。

表 6-7　不同标本的碱金属及碱土金属氧化物成分对比　　　　单位：%

标本名称	K_2O	CaO	Na_2O
印纹硬陶标本	2.21	0.81	1.01
耀州窑兔毫盏标本胎（宋）	1.7	0.4	0.3
定窑白瓷标本胎（宋）	1.67	0.83	0.29
标本 LC-1（宋）	2.07	2.22	0.25

陶瓷捶丸标本物理性能分析

为探讨陶瓷捶丸物理性能与其材料之间的关系，我们对陶瓷捶丸标本进行了表观密度的测试，并开展了球体自由落体弹跳模拟实验。本节实验所用陶瓷捶丸标本总数为 13 个（表 6-8）。实验中，将陶瓷捶丸置于某一高度，自然松开使其尽量自由下落，使用数码相机快速记录标本的下落和回弹轨迹（图 6-23），并分别计算标本的反弹最高点和反弹比例。

表 6-8 显示，13 个标本的表观密度为 1.95—2.54g/cm³，反弹比例为 12%—71%。在下落高度保持一定的情况下，除个别标本外，陶瓷捶丸的质量越小，其反弹的最高点就越高，反弹比例也越大。

胎体的化学组成和显微结构决定了其物理性能。从表 6-8 可知，反弹比例在 50% 以上的标本，参考其同一窑口出土的其他陶瓷捶丸标本，其胎体中 SiO_2 含量基本接近或达

表 6-8 陶瓷捶丸标本的表观密度和弹跳实验结果

本节标本编号	参考标本	标本来源	标本朝代	尺寸 /cm	质量 /g	反弹最高点 /cm	表观密度 /（g/cm³）	反弹比例 /%
特 -1	PC-1	河南扒村窑	宋元	5.89	238.5	70 ± 3	2.23	33
特 -2	DD-7	河南段店窑	元	4.23	78.5	110 ± 3	1.98	52
特 -3	NM-1	内蒙古四王子旗	清代	3.38	46.0	140 ± 3	2.28	67
特 -4	DD-8	河南段店窑	明清	2.98	31.5	140 ± 3	2.27	67
特 -5	GY-1	河南巩义窑	宋	3.49	43.5	100 ± 3	1.95	49
特 -6	JZ-1	江西吉州窑	宋	3.15	40.0	135 ± 3	2.44	63
特 -7	LC-1	山东聊城	宋元	4.81	117.0	125 ± 3	2.01	58
特 -8	/	河南汝州	宋	6.12	272.5	50 ± 3	2.27	24
特 -9	DD-6	河南段店窑	宋	3.76	57.5	110 ± 3	2.07	52
特 -10	DD-8	河南段店窑	元	3.11	39.5	150 ± 3	2.51	71
特 -11	/	河南汝州	宋	5.11	160.0	25 ± 3	2.29	12
特 -12	JZ-1	江西吉州窑	宋	4.09	91.0	95 ± 3	2.54	45
特 -13	DD-1	河南段店窑	宋	5.81	204.0	50 ± 3	1.99	24

到 50% 及以上，Al_2O_3 含量均在 30% 以上。结合 XRD 分析结果，这些标本的物相中多含有刚玉和莫来石。胎体中莫来石的生成量越多，往往说明其烧制温度相对较高。烧成温度结果（表 6-6）显示，除标本 DD-7 外，其余参考标本的烧成温度均在 1120℃以上。对易熔黏土而言，这样的温度足以使其完全烧结，从而使胎体致密度提高，可能也因此增强了标本的弹性。此外，有研究表明，胎体中引入较多的高岭土（一般超过 30%，有的达到 40%，甚至更高）时，瓷胎中生成的莫来石数量会增多，其抗折强度也会随之逐步增加。[1]这对于用来击打的陶瓷捶丸而言具有重要影响。

值得注意的是，与标本特 -5 来自同一窑口的参考标本 GY-1 的化学组成中 Al_2O_3 含量高达 59.71%，SiO_2 含量只有 35.03%。虽然标本特 -5 质量很小，但其反弹比例并未超过 50%，表观密度只有 1.95g/cm³（13 个标本中最低值）。结合 GY-1 的最高烧成温度（1072.5℃），推测可能是胎体中 Al_2O_3 含量较高，耐火温度高，导致胎体未充分烧结，致密性较差，进而影响了其弹性和反弹比例。

为进一步研究不同材质球丸的物理性质，我们采用阿基米德排水法测试了标本中不同材质捶丸的气孔率和表观密度（表 6-9）。

表 6-9　不同材质捶丸的孔隙率及表观密度

样品名称	气孔率 /%	表观密度 /（g/cm³）
陶土质	13.8	2.10
高纯黏土质	12.1	2.14
粗质	22.8	1.79

从表中可以看出，陶土质捶丸和高纯黏土质捶丸的气孔率、表观密度差异不大。高纯黏土因高温稳定性好，烧制过程玻璃相较少，因而致密性较陶土质较好。粗质捶丸因引入大量粗颗粒石英原料，高温下收缩率较低，气孔率达到 22.8%，表观密度仅有 1.79g/cm³。孔隙的存在虽可以抵消高温下 SiO_2 晶型转变带来的热应力，提高球体的整体热稳定性，但气孔率的增大会导致弹性模量减小的比例较小。由于陶瓷强度与弹性模量成正比，因此其强度也随气孔率的增大而变化。[2]即显孔率增大时，在同样的击打力度下，陶瓷捶丸的强度与抗击打能力会变小。综上所述，制作合适的陶瓷捶丸必须综合考虑化学组成、烧成温度、显微结构及气孔率等多种因素。

---

[1] 李家治. 中国科学技术史·陶瓷卷. 北京：科学出版社，1998: 334-335.

[2] 郭大宇. 显微结构对陶瓷材料物理性能的影响. 辽宁大学学报（自然科学版），2007, 34 (1): 25-27.

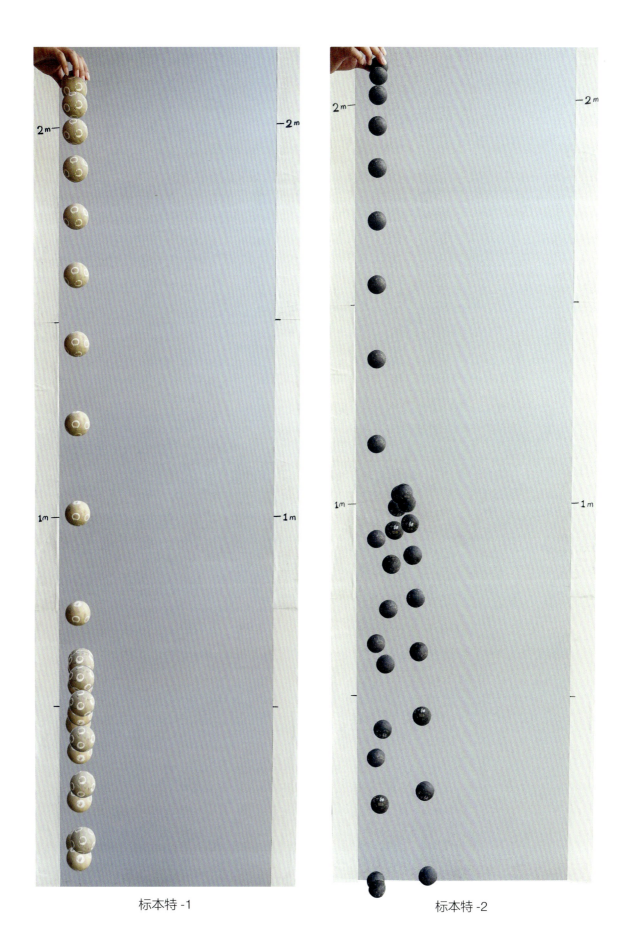

标本特 -1   标本特 -2

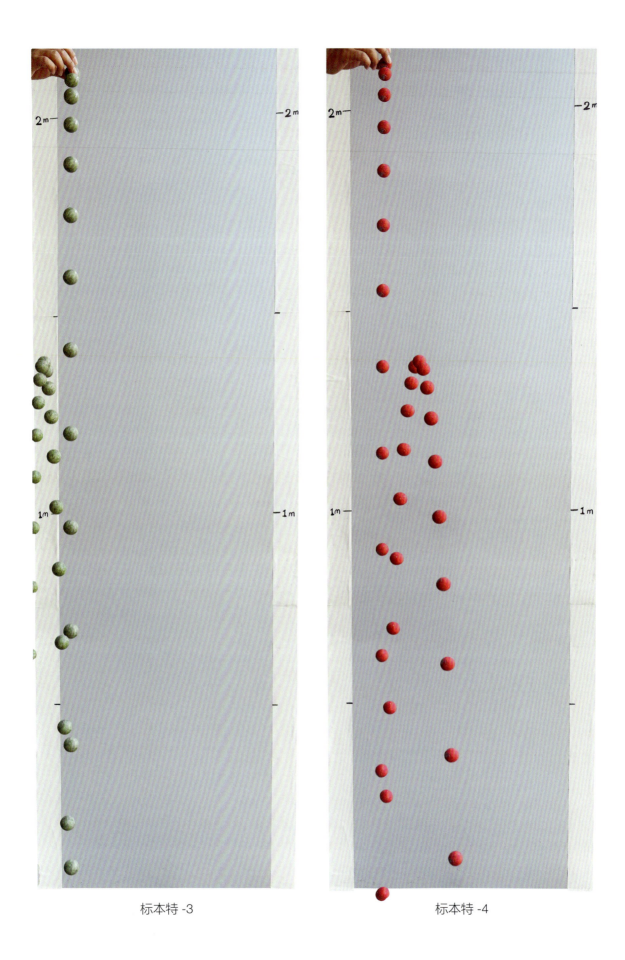

标本特 -3   标本特 -4

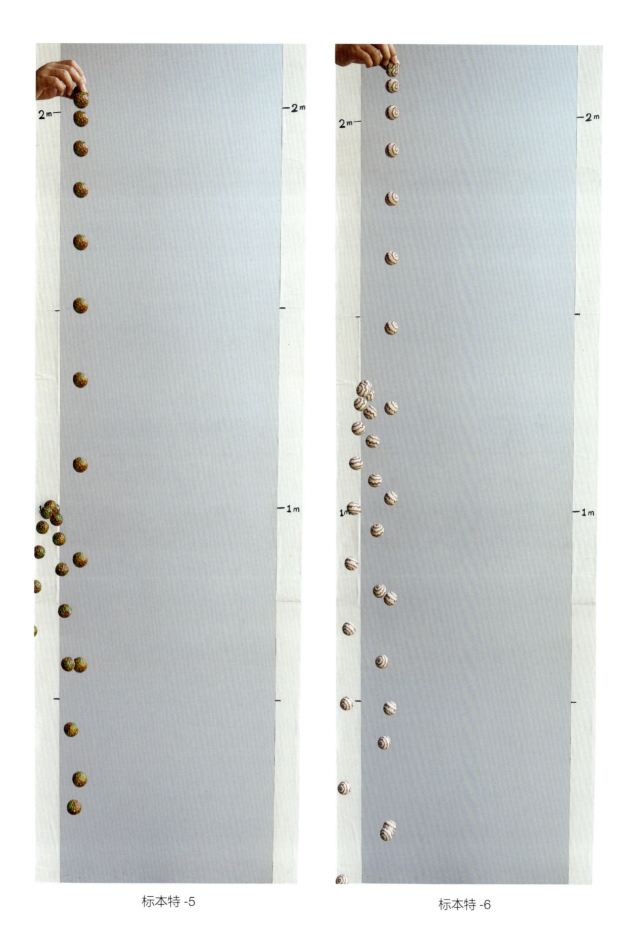

标本特 -5 标本特 -6

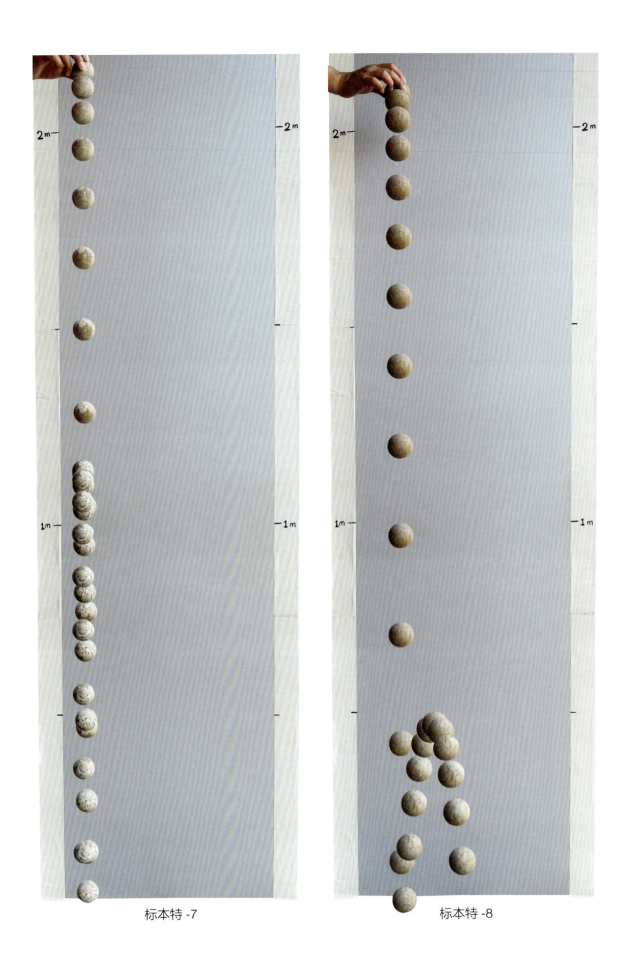

标本特 -7   标本特 -8

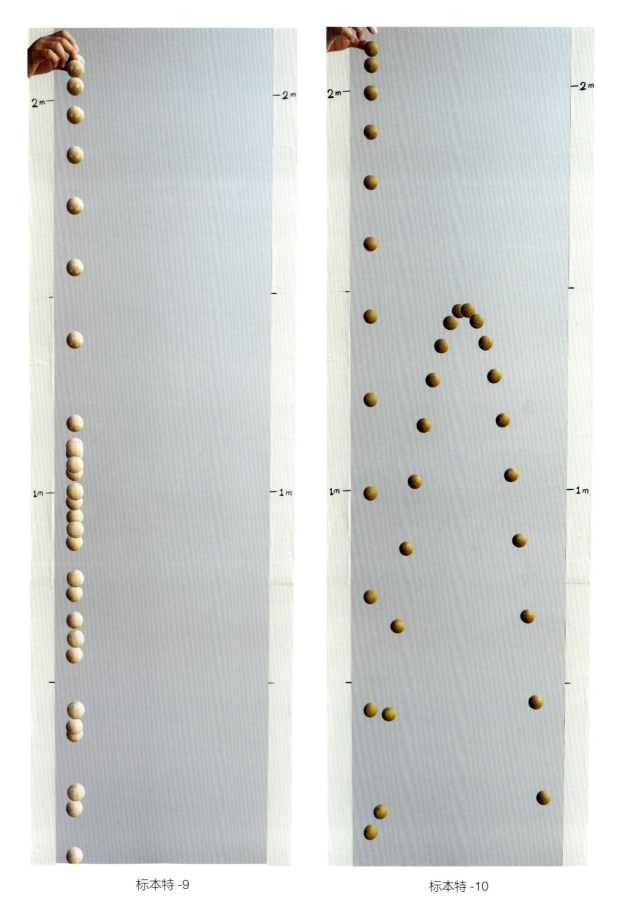

标本特 -9　　　　　　　　　　　　标本特 -10

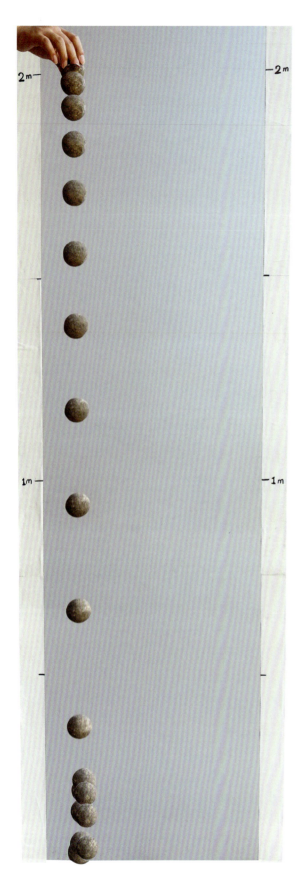

标本特 -11   标本特 -12

　中国古代陶瓷捶丸

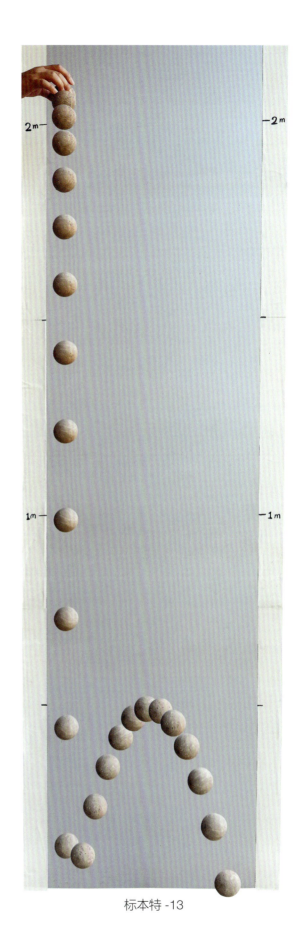

图 6-23　陶瓷捶丸标本自由落体弹跳模拟实验的
下落和回弹轨迹
（摄影：张礼坚）

标本特 -13

参考文献

不著撰人.分门古今类事（外八种）.上海：上海古籍出版社，1991.

蔡艺.捶丸在朝鲜半岛的传衍：朝鲜王朝击棒考.体育学刊，2015 (6): 116-121.

陈朝云.宋代瓷器制造技术的考古学观察.考古学报，2017(4): 495-514.

陈大海选析.元杂剧赏析.南宁：广西教育出版社，1989.

陈汉有，杨作龙.黄河流域古代石球研究.洛阳师专学报，1999(4): 91-93, 96.

陈辉养.海南出水的捶丸引发的思考.科技展望，2015, 25(3): 262.

陈惠花.球类运动在我国古代的发展.芒种，2012(21): 211-212.

崔乐泉.从考古发现谈中国古代的体育运动.文史知识，1993(8): 40-45.

崔乐泉.现代高尔夫鼻祖捶丸.中国体育，2003(2):116-117.

崔乐泉.中国古代球类活动演进与捶丸起源研究：兼具考古学资料分析.体育科学，
    2016（7）: 89-97.

崔乐泉.中国古代捶丸发展与演变的考古学观察：兼及古代体育史有关研究方法的
    思考.体育学刊，2017(1): 58-63.

崔乐泉，别鹏.中国古代捶丸对外传播研究.上海体育学院学报，2017 (2): 1-6.

丁二宝，杨孟丽，刘楠楠等.鹤壁小李庄及砂锅古窑址钧瓷釉组成与呈色特征研究.
    陶瓷研究，2022, 37(6): 62-65.

丁虹.景德镇渣胎碗纹饰管窥谈.中国陶瓷，2012(5): 75-76.

丁银忠，李媛，李合等.实验法探讨瓷胎元素组成和烧成温度对热膨胀法测温的影
    响.文物保护与考古科学，2023, 35(2): 81-89.

封演撰.封氏闻见记校注.赵贞信校注.北京：中华书局，2005.

关汉卿.关汉卿全集.吴国钦校注.广州：广东高等教育出版社，1988.

郭大宇.显微结构对陶瓷材料物理性能的影响.辽宁大学学报（自然科学版），
    2007, 34(1): 25-27.

郭强.唐代陶瓷绞胎工艺考辨.中国陶瓷，2016(9): 115-124.

花蕊夫人.花蕊宫词笺注.徐式文笺注.成都：巴蜀书社，1992.

霍秀峰.敦煌唐代壁画中的卷草纹饰.敦煌研究，1997(3): 95-105.

姜丽华整理.元人杂剧选.上海：复旦大学出版社，2013.

蒋书庆.破译天书：远古彩陶花纹揭秘.上海：上海文化出版社，2001.

靳枫毅.辽宁朝阳前窗户村辽墓.文物，1980(12): 17-29, 99-100.

柯九思等.辽金元宫词.北京：北京古籍出版社，1988.

兰陵笑笑生.会评会校金瓶梅（一）.刘辉，吴敢辑校.香港：天地图书有限公司，
  1998.

李国桢，郭演仪.中国名瓷工艺基础.杭州：浙江大学出版社，2012.

李家治.我国古代陶器和瓷器工艺发展过程的研究.考古，1978(3): 179-188.

李家治.中国科学技术史·陶瓷卷.北京：科学出版社，1998.

李家治，陈显求.古陶瓷科学技术1：1989年国际讨论会文集（ISAC' 89）.上海：
  上海科学技术文献出版社，1992.

李金梅.中国古代女子马球小考.成都体育学院学报，2009（8）: 29-31, 35.

李金梅，路志峻.中国体育史学术新探.体育文化导刊，2004(11):35-37.

李开先.李开先全集.北京：文化艺术出版社，2004.

李敏生，黄素英，李虎侯.陶寺遗址陶器和木器上彩绘颜料鉴定.考古，1994(9):
  849-857, 824.

李全庆，刘建业.中国古建筑琉璃技术.北京：中国建筑工业出版社，1987.

李文杰.中国古代制陶工程技术史.太原：山西教育出版社，2017.

李莹，李雨衡.元明清时期西南土司府衙中的贵族体育研究.山东体育科技，2016
  （5）: 17-23.

李谕藩.发生学视角下高尔夫运动的起源及其特点.当代体育科技，2017, 7(29):
  207-209, 212.

李泽厚.美的历程.北京：生活·读书·新知三联书店，2009: 29.

凌洪龄.捶丸和高尔夫的对比与它们之间的关系.西北师范学院学报（自然科学
  版），1986(4): 75-81, 51.

凌洪龄.高尔夫球戏起源于中国古代捶丸的考证.西北师范大学学报（自然科学版），
  1991(1): 66-72.

刘秉果，张生平.捶丸：中国古代的高尔夫球.上海：上海古籍出版社，2005.

刘菊芳.吉州窑鼎盛期陶瓷装饰艺术特点探析.四川民族学院学报，2022(1):101-
  105.

刘鹏.黑陶渗碳机理研究.硅酸盐通报，1992(5): 20-26.

卢立群，董兵，陈胜前.中国旧石器时代石球的实验研究.人类学学报，2021(4):
  587-599.

罗勉道撰.南华真经循本.李波点校.北京：中华书局，2016.

马燃.中原地区蜻蜓眼式玻璃珠的传播与演变.天工，2022(9): 90-92.

马铁成.陶瓷工艺学（第二版）.北京：中国轻工业出版社，2011.

孟元老撰.东京梦华录.王永宽注译.郑州:中州古籍出版社,2010.

墨庄漫录/过庭录/可书.孔凡礼点校.北京:中华书局,2002.

潘玲.圈点纹浅析.边疆考古学报,2009(1):117-128.

彭定求等校点.全唐诗:九〇〇卷.北京:中华书局,1960.

蒲虔贯.保生要录.上海:上海古籍出版社,1990:1.

秦大树.瓷器化妆土工艺的产生与发展.华夏考古,2018(1):58-74.

容波,兰德省,王亮等.咸阳地区出土汉代彩绘陶器表面颜料的科学研究.文博,
    2009(6):266-268.

阮元校刻.十三经注疏(清嘉庆刊本)·五.北京:中华书局,2009.

书目文献出版社编辑部.北京民间风俗百图.北京:书目文献出版社,1983.

司马迁.史记(第七册).裴骃集解,司马贞索隐,张守节正义.北京:中华书局,
    1959.

宋若琳.绘画记忆中的古代高尔夫球运动——捶丸.东方收藏,2019(7):94-99.

宋晓岚,黄学辉.无机材料科学基础(第二版).北京:化学工业出版社,2020.

隋树森.全元散曲.北京:中华书局,2018.

孙星衍撰.尚书今古文注疏.陈抗,盛冬铃点校.北京:中华书局,2004.

谭青艳.刚玉瓷显微结构特征及影响因素.陶瓷工程,1997(2):16-17,23.

谭受清,熊定勋.高尔夫导论.长沙:国防科技大学出版社,2005.

汤可敬译注.说文解字.北京:中华书局,2018.

田自秉.中国工艺美术史.上海:东方出版中心,2009.

童永东,汪常明.热膨胀法在古陶瓷测温研究中的应用与探索.广西民族大学学报
    (自然科学版),2017,23(3):33-39.

脱脱等撰.金史.北京:中华书局,1975.

脱脱等撰.宋史.北京:中华书局,1985.

汪启航.先秦时期皖江流域渔猎经济的考古学观察.黄河·黄土·黄种人,
    2020(18):19-25.

王符撰著.王符《潜夫论》释读.高新民,王伟翔释注.银川:宁夏人民出版社,
    2009.

王广磊.余江.高尔夫运动产品发展演变.体育科技文献通报,2012(10):109-
    112.

王海.捶丸及高尔夫演变发展轨迹原因之分析.体育科技文献通报,2014(1):1-2.

王家仕.从《丸经》的版本看中国古代捶丸的演变.西安体育学院学报,2005(3):
    61-63.

王昆仑.高尔夫球起源考辨.武汉体育学院学报,2009(12):68-70.

王磊.浅谈中国古代的球类运动.延安职业技术学院学报,2010,24(1):106-107.

魏泰撰.东轩笔录.李裕民点校.北京:中华书局,1983.

吴钩.宋:现代的拂晓时辰.桂林:广西师范大学出版社,2015.

吴小红,张弛,保罗·格德伯格等.江西仙人洞遗址两万年前陶器的年代研究.南方文物,2012(3): 1-6.

谢智学,耿彬.敦煌壁画步打球考察.体育文化导刊,2014(5): 169-172.

熊海堂.东亚窑业技术发展与交流史研究.南京:南京大学出版社,1995.

熊廖.中国陶器装饰艺术的起源——与李泽厚先生商榷.新美术,1987(2): 73-80.

徐恒醇.设计美学.北京:清华大学出版社,2006.

许慎撰.说文解字注(影印本).段玉裁注.上海:上海书店出版社,1992.

薛寒秋,薛翘.中国古代高尔夫球的东传与捶丸图纹日本铜镜的发现.南方文物,2010(3): 107-109.

杨静荣.谈陶瓷装饰工艺——绞胎.故宫博物院刊,1986(4): 36-39, 48, 98.

杨静荣."击角球"考识.收藏,2008(4): 80-83.

伊永文.元代"捶丸"与今日高尔夫球.中外文化交流,1993(2): 12-13.

印晓红."中国的马可·波罗":列班·扫马.中国社会科学报(6),2024-04-03.

于淑健.《〈祭驴文〉一首》考辨与校理.石河子大学学报(哲学社会科学版),2025(4): 60-62.

原海兵.大汶口文化人群口颊含球行为研究.考古学报,2020(1): 43-66.

元好问.续夷坚志评注:元好问志怪小说.李正民评注.太原:山西古籍出版社,1999:14.

曾睿.《丸经》研究.武汉:华中师范大学博士论文,2022: 17.

张福汉,肖宗史.岐山"西周陶丸"再考.陕西经贸学院学报,1997(3): 74-77.

张娟.先秦时期的音乐与数学.科技资讯,2011(36): 146-147.

张庆久.宜春市博物馆馆藏有枚铜铙赏析:兼谈南方圈点纹的文化属性.湖南省博物馆馆刊,2014(1): 123-127.

张天琚.从出土捶丸谈古代四川的马球、步打球和捶丸运动.收藏界,2008(7): 101-103.

张天琚,桂焱,韩烈保.关于捶丸与高尔夫球的比较研究.文物鉴定与鉴赏,2014(11): 78-84.

张卫军.中国古代捶丸运动的兴衰.民营科技,2011(12): 163.

张晓妍.唐代女性金银妆盒的制造工艺.时尚设计与工程,2016(1): 17-23.

张旭,曹春娥,卢希龙等.基于图片的传统青瓷分类色度学研究.中国陶瓷,2021,57(6): 80-88, 94.

赵德云.中国出土的蜻蜓眼式玻璃珠研究.考古学报,2012(2): 177-216.

郑玄注.周礼注疏.贾公彦疏.彭林整理.上海:上海古籍出版社,2010.

郑州市文物考古研究院,郑州市上街区文化新闻出版局.郑州上街峡窝唐墓发掘简报.文物,2009(1): 22-26.

中国硅酸盐学会 . 中国陶瓷史 . 北京 : 文物出版社 , 1982.

周仁 , 李家治 . 景德镇历代瓷器胎、釉和烧制工艺的研究 . 硅酸盐 , 1960(2): 49-63,
97-98, 103-105.

周仁 , 张福康 , 郑永圃 . 我国黄河流域新石器时代和殷周时代制陶工艺的科学总结 .
考古学报 , 1964(1): 1-27, 132-139.

朱熹撰 . 四书章句集注 . 北京 : 中华书局 , 2011.

朱有燉 . 朱有燉集 . 赵晓红整理 . 济南 : 齐鲁书社 , 2014.

Hayden B. What were they doing in the Oldowan? An ethnoarchaeological perspective
on the origins of human behavior. Lithic Technology, 2008(2): 105-139.

Hoh Gunsun. Physical Education in China. Shanghai: The Commercial Press, 1926: 28.

Hu SM, Hu YW, Yang JK, et al. From pack animals to polo: Donkeys from the ninth-
century Tang tomb of an elite lady in Xi'an, China. Antiquity, 2020, 94(374): 455-
472.

后记

  多年前,我在收集教学用的古陶瓷标本时,发现了一批装饰独特、大小不一的陶瓷球。这些球体表面施以绞胎、彩绘、刻花、釉彩等多种装饰工艺,其数量之多、工艺之精,令人叹为观止。随着对《丸经》等典籍的深入研读,捶丸与这些陶瓷球体之间的历史关联逐渐清晰。捶丸这种盛行于宋元明时期的文体活动,在器具形制、竞技规则等方面,竟与现代高尔夫运动有着惊人的相似之处。这一跨时空的文化呼应,激发了我系统研究古代陶瓷捶丸的热情。在研究过程中,我们陆续在古代绢纸本绘画、壁画、砖石刻、陶瓷、铜镜以及古籍中搜集到了相关资料,集腋成裘,悉心求证,写成此作。

  为构建严谨的学术研究体系,我们建立了“文献耙梳—实物考古—科技检测”多位一体的论证框架。2019 年 5 月 16 日,我们约请上海捍真陶瓷科技有限公司夏君定古陶瓷年代测定研究室,采用古陶瓷热释光(TL)检测技术,对代表性陶瓷球和相关窑具进行了多批次测试,并出具了相关检测报告。2021 年 10 月 7 日,我们邀请以孙新民为代表的中国古陶瓷学会专家组进行了现场鉴定。据此,我们对相关陶瓷球进行了分类整理,并对其直径、重量、成分组成进行了测量和分析,还对代表性陶瓷球进行了弹跳性能测验,获得了大量第一手科学研究数据。捶丸研究和书稿撰写花费近 7 年时间,其间不断吸收最新相关成果,几易其稿,现终得与大家见面。由于时限问题,研究团队虽竭尽所能搜集资料,但捶丸是否传入欧洲并对高尔夫运动产生影响,仍缺乏确凿证据,这是本书的一大遗憾。相信随着考古工作的新进展,以及学界同仁的不懈努力,这一问题终会有令人信服的答案。

  古代陶瓷捶丸研究开拓了捶丸研究领域,虽研究基础相对薄弱,但可以肯定的是,这是一个蕴藏着巨大文化能量和社会价值的课题方向。近年来,随着古代陶瓷捶丸的陆续出土与展示,对其复原和制作技艺传承的呼声渐起,这是值得庆幸的好事!目前,国内常见的陶瓷产品、艺术品多为器皿类型,球形则相对较少受到关注。在这一点上,古人可谓“慧眼识珠”,对陶瓷捶丸进行了一系列商业化、艺术化的实践。历史证明，球形陶瓷产品、艺术品具有丰富的表现性，可以采用画、刻、镂、雕、塑等不同的手法进行创作，取得巧夺天工般的工艺效果。现代陶瓷文创设计正需要继古开今的精神，立足先人的成就不断开拓创新，持续充实中华民族的物质与精神文明。

本书付梓之际，我们期盼这项凝聚古人智慧的运动，能以其优雅的竞技美学、深厚的文化积淀，在新时代焕发新的光彩。让陈列在博物馆的陶瓷捶丸，不仅能讲述往昔的辉煌，更能激活文化创新的基因，为构建中华民族现代文明注入源头活水。路漫漫其修远兮，这项跨越古今的文化接力，正待更多同行者赓续前行，也需要更广泛的社会关注和更持续的政府支持。

梅国建
乙巳年正月十五

傀儡

仕途終日忙，傀儡競登場。刻木形相似，牽絲態轉狂。郭生能譚諢，鮑老舞郎當。戲龍渾如夢，思已杳茫。

【箋】作於嘉靖四十年。

打毬

安基齊燕尾，如射中鴻心。柄過窩難掛，毬輕體欲沉。得來手撲捧，妙處綫穿針。勝負俱休論，情歲已深。 詳見《捶丸集》。

【箋】作於嘉靖四十年。

圍棋

拂枰欣著棋，閣筆懶題詩。興發邀賓急，思深落子運。縱橫堪遣日，勝敗不移時。仕路如棋勢，機不自知。

【箋】作於嘉靖四十年。

閒居集之二 五言律詩